DK

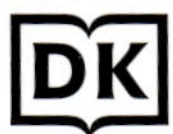

TOP10 VANCOUVER

CONSTANCE BRISSENDEN

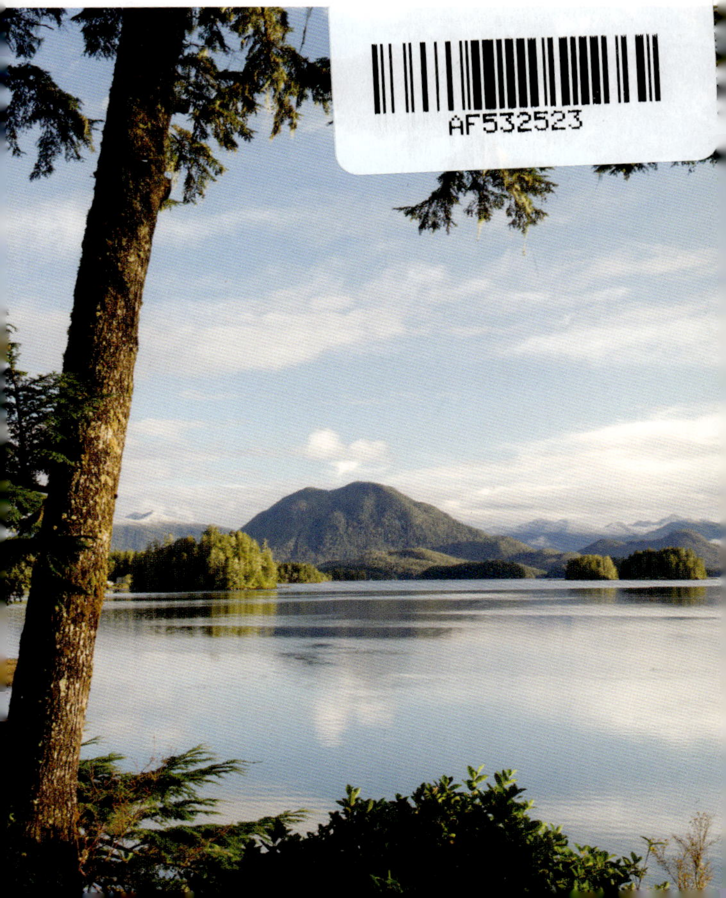

Highlights

Willkommen in Vancouver ... 5
Vancouver entdecken ... 6
Highlights ... 10
Stanley Park ... 12
Canada Place ... 14
Capilano Suspension Bridge Park ... 16
Museum of Anthropology ... 18
Vancouver Art Gallery ... 20
Granville Island ... 24
Science World ... 26
Victoria ... 28
Long Beach & Umgebung ... 32
Whistler ... 34

Themen

Historische Ereignisse ... 38
Museen & Sammlungen ... 40
Kunst der First Nations ... 42
Wellness ... 44
Strände & Buchten ... 46
Parks & Gärten ... 48
Kinder ... 50
Veranstaltungsbühnen ... 52
LGBTQ+ in Vancouver ... 54
Bars & Clubs ... 56
Restaurants ... 58
Shopping ... 60
Kostenlose Attraktionen ... 62
Feste & Festivals ... 64

Inhalt

Stadtteile & Regionen

Waterfront, Gastown & Chinatown **68**
Downtown **74**
South Granville, Kitsilano & Yaletown **82**
Vancouver Island **92**
Abstecher **100**

Reise-Infos

Anreise & In Vancouver unterwegs **110**
Praktische Hinweise **112**
Hotels **116**

Textregister **120**
Danksagung, Bildnachweis & Impressum **126**
Straßenverzeichnis **128**

Die Top-10-Listen in diesem Buch sind nicht nach Rängen oder Qualität geordnet. Alle zehn Einträge sind in den Augen des Herausgebers von gleicher Bedeutung.

Umschlag Vorderseite & Buchrücken Skyline von Vancouver mit Stanley Park
Umschlag Rückseite Blick von Tofino an der Westküste von Vancouver Island
Titelseite Blick über die malerische Jensen's Bay

Die Informationen in diesem Top-10-Reiseführer werden regelmäßig aktualisiert.

Angaben wie Telefonnummern, Öffnungszeiten, Adressen, Preise und Fahrpläne können sich jedoch ändern. Der Verlag kann für fehlerhafte oder veraltete Angaben nicht haftbar gemacht werden. Für Hinweise, Verbesserungsvorschläge und Korrekturen ist der Verlag dankbar. Bitte richten Sie Ihr Schreiben an:

Dorling Kindersley Verlag GmbH
Redaktion Reiseführer
Arnulfstraße 124 • 80636 München
travel@dk-germany.de

Willkommen in Vancouver

Die faszinierende Stadt, wo vor eindrucksvoller Bergkulisse glänzende Wolkenkratzer das Ufer dominieren, hat Besuchern viel zu bieten: Museen von Weltrang, große Grünflächen für die Erholung und eine Restaurantszene, die Feinschmeckerherzen höherschlagen lässt. Gar nicht weit weg warten auf Vancouver Island weitere reizvolle Eindrücke. Mit dem *Top 10 Vancouver* können Sie Stadt und Umland auf eigene Faust erkunden.

In den Vierteln Waterfront und Downtown scharen sich um den augenfälligen **Canada Place** bedeutende Attraktionen wie **Christ Church Cathedral**, **Vancouver Art Gallery**, **Vancouver Lookout** und **Science World**. Ein neun Kilometer langer Uferweg windet sich um den **Stanley Park**, Vancouvers grüne Oase mit fantastischen Ausblicken. Fähren bringen Besucher in den Süden der Stadt, wo man im weitläufigen **Vanier Park** das **H. R. MacMillan Space Centre** und mehrere Museen oder auf **Granville Island** den lebhaften Public Market erkunden kann.

Der Großraum Vancouver kann mit tollen Ausflugszielen wie dem **Capilano Suspension Bridge Park** oder dem Wintersportparadies **Whistler** aufwarten; weitere Outdoor-Vergnügungen bieten sich auf **Vancouver Island**. Dort lockt auch die idyllische Provinzhauptstadt **Victoria** mit Reizen wie dem historischen Zentrum **Inner Harbour** und dem **Royal BC Museum**.

Ob Sie für ein Wochenende nach Vancouver kommen oder länger bleiben – unser *Top 10* präsentiert die schönsten Plätze und die wichtigsten Sehenswürdigkeiten, die angesagtesten Lokale und die aufregendsten Festivals. Hinzu kommen nützliche Tipps, wie man Vancouver zum Nulltarif genießt oder Besucherströme umgeht, sowie übersichtliche Routenvorschläge, die Sie in kurzer Zeit zu möglichst vielen Attraktionen führen. Schöne Fotos und detaillierte Karten komplettieren den handlichen und unverzichtbaren Reisebegleiter. **Viel Spaß mit dem Buch und viel Spaß in Vancouver**.

Im Uhrzeigersinn von oben: **Dachsegel des Canada Place, British Columbia Parliament Buildings in Victoria, Capilano Suspension Bridge im gleichnamigen Park, Vancouvers Wolkenkratzerskyline, Totempfahl im Stanley Park, Skiparadies Whistler, Butchart Gardens nahe Victoria**

Vancouver entdecken

Die Stadt Vancouver – voller Kulturleben und mit sagenhafter Restaurantszene – ist von Meer, Bergen und urwüchsigem Regenwald umgeben. Vor ihren Füßen, gleich über der Georgia Strait, liegt Vancouver Island mit atemberaubenden Naturparks und dem reizvollen Victoria. Hier finden Sie Vorschläge für einen Kurzaufenthalt oder eine längere Erkundung von Vancouver und Umgebung.

Die segelschiffartige Silhouette des Canada Place, für die Expo '86 erbaut, bleibt im Gedächtnis.

Zwei Tage in Vancouver

Tag 1

Vormittags

Bummeln Sie rund um den **Canada Place** *(siehe S. 14f)* und erkunden Sie den Hafen, nehmen Sie an der Waterfront Station den SkyTrain zur preisgekrönten **Science World** *(siehe S. 26f)* und essen Sie im Trendviertel **Gastown** *(siehe S. 69)* zu Mittag.

Nachmittags

Zum Nachtisch gibt es Kunst: nach Wunsch in der **Vancouver Art Gallery** *(siehe S. 20f)* oder in der **Bill Reid Gallery** *(siehe S. 77)*; dann lockt ein Schaufensterbummel in der **Robson Street** *(siehe S. 76)*. Vielleicht gönnen Sie sich anschließend ein Essen oder Cocktails in einem schicken Downtown-Restaurant *(siehe S. 81)*.

Tag 2

Vormittags

Leihen Sie sich ein Rad, um die grünen Oasen der Stadt zu erkunden: Im **Stanley Park** *(siehe S. 12f)* lohnt ein Besuch des **Vancouver Aquarium** *(siehe S. 13)*, bevor man dem **Seawall** rund um den Park folgt, die Blicke auf Burrard Inlet und **English Bay** genießt und dann den Aquabus nach **Granville Island** *(siehe S. 24f)* nimmt.

Nachmittags

Schlendern Sie über den **Granville Island Public Market** *(siehe S. 86)*, radeln Sie weiter zum **Vanier Park** *(siehe S. 85)* und beschließen Sie den Tag am **Sunset Beach** *(siehe S. 83)*.

Auf dem Granville Island Public Market sind regionale Erzeugnisse zu haben.

Whistlers erhabene Berglandschaft liegt von Vancouver nur eine kurze Autofahrt entfernt.

Sieben Tage in Vancouver & Umgebung

Tag ❶ & Tag ❷

Folgen Sie den Routenvorschlägen der Zwei-Tages-Tour.

Tag ❸

Der SeaBus ab **Waterfront Station** bringt Sie zum Lonsdale Quay in North Vancouver *(siehe S. 102)* mit dem hübschen Markt. Von dort geht es in den Regenwald zum **Capilano Suspension Bridge Park** *(siehe S. 16f)*, um den umwerfenden Blick von der Hängebrücke zu genießen. Zurück in Vancouver, durchqueren Sie die Stadt für einen Besuch des unvergleichlichen **Museum of Anthropology** *(siehe S. 18f)*, das sich Kunst und Kultur der hiesigen First Nations widmet, und einen Bummel über den Campus der **UBC** *(siehe S. 103)*.

Tag ❹

Auf dem Sea-to-Sky Highway (Nr. 99) gelangen Sie über **Squamish** *(siehe S. 102)* und **Brackendale** *(siehe S. 103)* ins 120 Kilometer entfernte **Whistler** *(siehe S. 34f)*.

Tag ❺

Erkunden Sie den Ort und fahren Sie mit der Gondel auf den **Whistler Mountain**, wo Wanderwege oder eine weitere Gondel zum **Blackcomb Peak** führen – der Blick ist sensationell. Auf dem Rückweg nehmen Sie ab **Horseshoe Bay** in West Vancouver die Fähre nach **Nanaimo** *(siehe S. 94)*.

Tag ❻

Nach einem Bummel durch Nanaimos Altstadt geht es schnurstracks in die Provinzhauptstadt **Victoria** *(siehe S. 28f)*, wo Inner Harbour und Royal BC Museum *(siehe S. 30f)* einen Besuch lohnen.

Tag ❼

Am letzten Tag ist Outdoor-Aktivität angesagt: Wandern im **Goldstream Provincial Park** *(siehe S. 94)*, eine Walbeobachtungstour oder ein Ausflug auf die **Gulf Islands** *(siehe S. 93)*.

Highlights

Vancouvers Waterfront mit Canada Place in abendlicher Dämmerung

Highlights 10
Stanley Park 12
Canada Place 14
Capilano Suspension Bridge Park 16
Museum of Anthropology 18
Vancouver Art Gallery 20
Granville Island 24
Science World 26
Victoria 28
Long Beach & Umgebung 32
Whistler 34

TOP 10 Highlights

Vancouver liegt zwischen den Sandstränden des Pazifiks und den majestätischen Coast Mountains reizvoll wie kaum eine Stadt der Welt. Mit seiner reichen Kulturszene und den vielen tollen Restaurants rangiert es in puncto Lebensqualität weltweit an der Spitze. Mit der Fähre ist man schnell auf Vancouver Island, wo das hübsche Victoria idealer Ausgangspunkt für Ausflüge in die Natur ist.

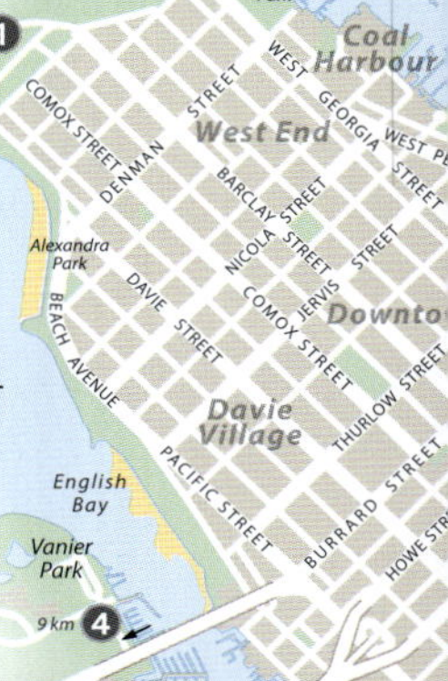

1 Stanley Park

Der 1888 angelegte Stadtpark, der drittgrößte in Nordamerika, bietet einen faszinierenden Mix aus Wald und Meer *(siehe S. 12f)*.

2 Canada Place

Der auffällige Messe- und Hotelkomplex am Hafen von Vancouver wurde als Kanada-Pavillon für die Expo '86 erbaut. An der einladenden Promenade ankern Kreuzfahrtschiffe *(siehe S. 14f)*.

3 Capilano Suspension Bridge Park

Fast so aufregend wie die schwankende Brücke hoch über dem Capilano ist der Baumkronenpfad, der viel von Lokalgeschichte, Ökologie des Waldes und Kultur der First Nations vermittelt *(siehe S. 16f)*.

4 Museum of Anthropology

Ein imposanter Bau auf dem UBC-Campus birgt eine Top-Sammlung mit Kunst der First Nations der Westküste und der Inuit. Auch die Sammlung europäischer Keramik ist beachtlich *(siehe S. 18f)*.

5 Vancouver Art Gallery

Die Sammlung hochrangiger Kunst der Westküste und der Welt reicht von den Waldbildern Emily Carrs bis zu radikaler Konzeptkunst *(siehe S. 20f)*.

6 Granville Island

Auf der Halbinsel im False Creek sorgen Läden, Galerien, Theater und Restaurants für unterhaltsame Stunden *(siehe S. 24f)*.

7 Science World

Hier machen interaktive Exponate Naturwissenschaft für jeden begreifbar – im wahrsten Sinne des Wortes *(siehe S. 26f)*.

8 Victoria

Das nette Städtchen auf Vancouver Island lockt mit historischen Gebäuden, grünen Parks und sehr viel Charme *(siehe S. 28f)*.

9 Long Beach & Umgebung

Der Westen von Vancouver Island beeindruckt Besucher mit wilder Pazifikküste, uralten Wäldern und atemberaubender Landschaft *(siehe S. 32f)*.

Whistler 10

Zwei Autostunden nördlich von Vancouver lädt dieses Wintersportparadies zu Ausflügen ein. Zwei Gipfel überragen alpin gestaltete Feriendörfer, wo sich das ganze Jahr über zahllose Sportmöglichkeiten bieten *(siehe S. 34f)*.

TOP 10 Stanley Park

Von Downtown sind es mit dem Bus nur zehn Minuten zu dem seit viktorianischer Zeit beliebten Erholungsgebiet mit Spazierwegen durch Wälder und entlang dem Strand. Der Park birgt einen herrlichen Rosengarten, Spielplätze, einen Wasserpark für Kinder, einen Golfplatz, Tennisplätze und nicht zuletzt das Vancouver Aquarium, das für seine nach wissenschaftlichen Erkenntnissen gestalteten Habitate hohes Ansehen genießt. An der Auffahrt zur Lions Gate Bridge nördlich des Parks stehen zwei Löwenskulpturen.

1 Lost Lagoon

Die von Weiden gesäumte Lagune *(oben)* ist ein Schutzgebiet für Brautenten, Schwäne und Kanadareiher.

2 Siwash Rock

Laut einer Sage der Squamish ist der uralte Lavafelsen, der hier aus dem Wasser ragt, ein zu Stein verwandelter indigener Krieger.

3 Seawall

Auf dem neun Kilometer langen Uferdamm rund um den Park *(unten)* genießen Spaziergänger, Jogger und Radfahrer den Blick auf English Bay und Burrard Inlet. Auf einem Felsen im Wasser grüßt die Skulptur *Girl in a Wetsuit*.

4 Rose Garden

Der formal angelegte Rosengarten blüht das ganze Jahr über. Von April bis September sorgen mehrjährige Pflanzen für bunte Pracht.

Parkgeschichte

Jahrtausendelang war die Halbinsel von Küsten-Salish bewohnt, 1862 erklärten sie die Kolonisten zum militärischen Sperrgebiet, um Vancouvers Hafen zu schützen. 1888 wurde daraus der nach Sir Frederick Stanley, damals Generalgouverneur von Kanada, benannte Park. Zum Schutz vor Erosion entstand ab 1917 der Seawall.

Prospect Point ⑤

Vom höchsten Punkt des Parks – an der Nordspitze der Halbinsel gleich westlich der Lions Gate Bridge – eröffnet sich ein herrlicher Blick über das dunkelblaue Wasser des Burrard Inlet bis hin zu den Coast Mountains *(rechts)*.

⑥ Brockton Point Visitor Centre

Tore mit Schnitzwerk und ein Zedernholzpavillon begrüßen hier Besucher. Unter den Totempfählen findet sich ein Werk des Haida-Künstlers Bill Reid: die Replik eines alten Skedan-Pfahls.

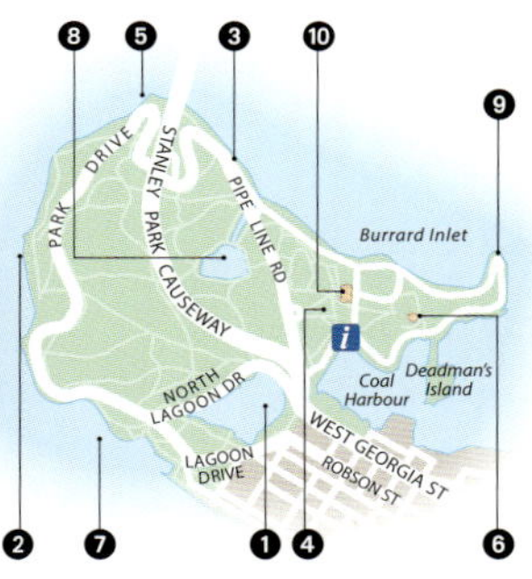

⑨ Brockton Point

Die Landspitze bietet schönen Blick auf den Burrard Inlet. Seit 1915 leitet der Leuchtturm hier Schiffe in den Hafen. Seefahrer stellten ihre Chronometer nach der 9 O'Clock Gun, die seit 1894 allabendlich am nahen Hallelujah Point abgefeuert wird.

⑩ Vancouver Aquarium

Zu den Meeresbewohnern der Westküste, die hier in der Tat vorbildlich präsentiert werden, zählen Haie, Rochen, Quallen *(unten)*, Pinguine und vieles mehr.

⑦ English Bay

Die Strände locken Scharen an: Sonnenanbeter machen es sich am Third Beach bequem, wer das kalte Meer scheut, nutzt den beheizten Salzwasserpool am Second Beach.

⑧ Beaver Lake

Wege, die alten Holzfällerrouten durch den Regenwald folgen, führen zu dem von Rohrkolben und Wasserlilien gesäumten See, wo man Frösche, Waschbären und Hasen sehen kann.

Infobox

Karte G1–K1 ▪ 311 oder +1-604-873-7000 ▪ www.vancouverparks.ca

Vancouver Aquarium: 845 Avison Way ▪ +1-604-659-3474 ▪ tägl. 10–17 Uhr (Juli & Aug: 9.30–19 Uhr) ▪ Eintritt 42 $ (erm. 36,75 $), Kinder (4–12 J.) 26,25 $ ▪ www.vanaqua.org

▪ Der Stanley Park ist rund um die Uhr zugänglich, lediglich die Toilettenhäuser schließen bei Einbruch der Dunkelheit.

▪ Mehrere Restaurants im Park bieten Stärkung an. Im Aquarium gibt es drei Imbissstände.

▪ Der Verkehr im Park läuft nur gegen den Uhrzeigersinn. Sämtliche Parkplätze sind kostenpflichtig.

▪ Spokes Bicycle Rentals (1798 W Georgia St; +1-604-688-5141; www.spokesbicyclerentals.com) vermietet Fahrräder, mit denen sich der Park erkunden lässt.

▪ Beim Besucherzentrum starten Pferdekutschen und historische Busse.

TOP 10 Canada Place

Der für die Expo '86 erbaute Canada Pavilion ist als Canada Place ein Wahrzeichen Vancouvers. Das in Form von Segeln gestaltete Dach erinnert an Kanadas Seefahrtsgeschichte, der »Bug« ragt weit in den Hafen. Nach der mit über 22 Millionen Besuchern höchst erfolgreichen Weltausstellung wurde der Pavillon in einen Komplex mit Messezentrum, Ausstellungsbereichen, Kreuzfahrtterminal und Luxushotel verwandelt. Die Promenade bietet tollen Blick auf den Hafen.

1 Architektur

Das preisgekrönte Design mit den fünf markanten Fiberglaskonstruktionen am Dach lässt den auf einem alten Frachtdock errichteten Komplex wie ein Schiff unter geblähten Segeln wirken *(oben)*.

2 Tourism Vancouver Visitor Centre

Gleich gegenüber bietet das Informationsbüro von Tourism Vancouver *(siehe S. 114)* kostenlose Stadtpläne, Broschüren und fachkundige Tipps für Besucher – und das in mehreren Sprachen.

3 The Canadian Trail

Auf dem interaktiven Pfad durch Kanadas Geschichte werden Geografie, kulturelles Erbe und Errungenschaften beleuchtet, aber auch der Blick auf Stanley Park und North Shore Mountains ist toll *(unten)*.

4 Vancouver Convention Centre

Der topmoderne, ökologisch gestaltete Messebau *(oben)* nutzt Grauwasser für das herrliche Gründach – das größte Kanadas –, auf dem heimische Pflanzen in großer Vielfalt wachsen und Tausende Bienen leben.

7 Öffentliche Events

Die Veranstaltungen am Canada Place *(links)* reichen von Yoga- und Zumbakursen am Ufer über Straßenakrobatik und Musik bis zu Filmvorführungen.

Expo '86

Am 2. Mai 1986 eröffneten Prinz Charles und Prinzessin Diana die Weltausstellung in Vancouver, die als äußerst erfolgreich galt und doch ein Defizit von 311 Millionen Kanadischen Dollar verbuchen musste. Einrichtungen wie Canada Place, Science World und SkyTrain sowie die Sanierung des Viertels am False Creek machen heute deutlich, dass die Expo '86 der Stadt durchaus Gewinn brachte.

5 Port of Vancouver Discovery Centre

Am nördlichen Ende des Canada Place geben interaktive Terminals, Filme und andere Präsentationen Wissenswertes über den Hafen preis.

9 Cruise Ship Terminal

An den drei Ankerplätzen des Terminals kommen jährlich Hunderttausende Besucher an. Die Promenade des Canada Place bietet guten Blick auf die Kreuzfahrtschiffe und das geschäftige Treiben.

6 Heritage Horns

Täglich um zwölf schallen zehn Lufthörner von der Spitze des Canada Place durch ganz Vancouver. Da die Hörner 1967 von Robert Swanson für den 100. Jahrestag der Gründung Kanadas entworfen wurden, stammen die ersten vier Töne aus der Nationalhymne *O Canada*.

8 Wasserflugzeuge

Im westlich gelegenen Coal Harbour landen Wasserflugzeuge aus Victoria *(oben)*. Im Osten des Canada Place gibt es einen Hubschrauberlandeplatz.

Infobox

Karte L2 ■ 999 Canada Place ■ SkyTrain (Canada & Expo Line): Waterfront Station ■ +1-604-665-9000 ■ www.canadaplace.ca

Tourism Vancouver Visitor Centre: 200 Burrard St ■ +1-604-683-2000 ■ tägl. 9–17 Uhr

FlyOver Canada: +1-855-463-4822 ■ tägl. 10–21 Uhr ■ Eintritt 29 $ (erm. 23 $), Kinder bis 12 J. (ab 102 cm Körpergröße) 19 $ ■ www.flyovercanada.com

■ Preiswerter als in der Tiefgarage parkt man am nördlichen Ende der Burrard Street.

10 FlyOver Canada™

Besucher jeden Alters sind eingeladen, die majestätische Schönheit der kanadischen Landschaft auf einem virtuellen Segelflug zu genießen. Wind, Geräusche und Gerüche begleiten die technisch hochmoderne Fahrt.

TOP 10 Capilano Suspension Bridge Park

In Sachen Nervenkitzel reicht so leicht nichts heran an diesen Park, der zu Vancouvers beliebtesten Ausflugszielen zählt. Hauptattraktion ist natürlich die Hängebrücke, die in 70 Metern Höhe über den Fluss Capilano führt, doch Besucher haben hier auch Gelegenheit, im Westküstenregenwald über Seilbrücken von Baumwipfel zu Baumwipfel zu gehen oder vom spektakulären Cliffwalk am Rand der Schlucht einen Blick in die Tiefe zu wagen.

1 Hängebrücke

Die Stahlseile der heutigen 137 Meter langen Brücke *(Mitte)* könnten eine voll besetzte Boeing 747 tragen, doch beim schwindelerregenden Blick in die Tiefe halten sich Besucher noch genauso respektvoll an den Handläufen fest, wie es die Fußgänger 1889 taten.

2 Kia'palano Big House

Im Zentrum des aus Zedernholz erbauten Big House ehrt der Next Generation Pole indianische Künstler. An einer kleineren Version, dem offenen Little Big House, liefert eine Ausstellung viel Wissenswertes über die Squamish.

3 Treetops Adventure

Über einen Plankenweg gelangt man in 30 Meter Höhe, wo Seilbrücken acht uralte Douglasien verbinden *(links)* und faszinierende Einblicke in die geheimnisvolle Welt der Baumwipfel erlauben.

4 Baumpfadbefestigung

Dank innovativer Befestigungstechnik schaden die Aussichtsplattformen den Bäumen nicht: Statt Nägeln oder Schrauben nutzt man große Spannringe, die nur ganz leichten Druck auf die Stämme ausüben.

Eine Brücke für Generationen

Der Schotte George Grant Mackay liebte die Natur. Als erster Parkbeauftragter Vancouvers sorgte er 1886 für die Einrichtung des Stanley Park. Zwei Jahre später erwarb er 23 Quadratkilometer Waldland am Capilano und baute am Rand der Schlucht eine Hütte. Mit der Unterstützung der Küsten-Salish erbaute er 1889 die erste Hängebrücke aus Hanfseilen und Zedernholz.

5 Cliffwalk

Für den gut 200 Meter langen Weg entlang der Klippe über Treppen und Stege *(oben)* braucht man starke Nerven – der Blick ist atemberaubend.

6 Canyon Lights

Im Dezember und Januar werden die über den Fluss führende Hängebrücke und der Cliffwalk mit Tausenden von bunten Lichtern illuminiert. Vor allem bei Dunkelheit ist dieser Anblick ein wahres Erlebnis.

7 Totempfähle

Künstler vom Volk der Küsten-Salish fertigten die bunten Totempfähle *(rechts)* an, die hier einen eindrucksvollen Anblick bieten. Die in den 1930er Jahren angelegte Sammlung umfasst heute über 30 Werke.

8 Historische Personen

Kostümierte Führer in den Rollen historischer Personen der Region begrüßen die Parkbesucher und erzählen von den zum Teil haarsträubenden Begebenheiten vergangener Tage, als hier noch Holz geschlagen wurde.

9 The Living Forest

Interaktive Displays informieren über endemische Pflanzen und Bäume wie Douglasien und auf Tafeln wird die heimische Tierwelt vorgestellt. Zudem bieten Naturkundler Führungen durch den schönen Wald.

10 Story Centre

Geschichten über Bergarbeiter, Holzfäller, Bardamen – die Ausstellung lässt die Vergangenheit des Parks und von North Vancouver lebendig werden. Details liefern viele Fotos mit Erläuterungen und Tonaufnahmen von Stimmen aus der Vergangenheit.

Infobox

Karte B1 ▪ 3735 Capilano Rd, North Vancouver ▪ +1-604-985-7474 ▪ www.capbridge.com

▪ Feb–Nov: 9 Uhr bis Sonnenuntergang (Juni–Aug: 8–20 Uhr); Dez & Jan: 11–21 Uhr (25. Dez geschl.)

▪ Eintritt 54,95 $ (ermäßigt (49,95/41,95 $), Jugendliche (13–16 Jahre) 29,95 $, Kinder (6–12 Jahre) 18,95 $

▪ Auf dem Parkgelände gibt es zwei Restaurants, die Spezialitäten der Westküste servieren. In einigen Cafés werden Snacks offeriert.

▪ Kostenlose Shuttle-Busse bringen Besucher von drei Orten der Stadt zum Park.

▪ Wenn Ihnen die Höhe zu schaffen macht, konzentrieren Sie sich beim Gang über die Brücke auf den Rücken des Vordermanns – die Überwindung lohnt sich!

TOP 10 Museum of Anthropology

Das 1947 gegründete Museum auf dem Campus der University of British Columbia besitzt eine der weltbesten Sammlungen von Artefakten indigener Stämme der Nordwestküste. Neben originalen Totempfählen und Holzschnitzereien unserer Zeit sind hier auch europäische Keramiken, asiatische Textilien, afrikanische Masken sowie griechische und römische Tonwaren zu sehen. Das wunderbare Gebäude – ein Kunstwerk für sich – wurde 1976 eröffnet. Der kanadische Architekt Arthur Erickson ließ sich beim Entwurf von den traditionellen Holzbauten der First Nations inspirieren.

1 Ahnenfigur

Auf dem Platz vor dem Museum steht eine Figur aus Rotzedernholz, die einen *fisher*, ein mythisches Tier mit Heilkräften, hält – ein Werk der Musqueam-Künstlerin Susan Point.

2 Bugholzkisten

Die zum Kochen wie auch zur Lagerung genutzten Kisten *(oben)* werden auf spezielle Art gefertigt: Ein Stück Zedernholz wird eingekerbt und mithilfe von Wasserdampf zur vierseitigen Kiste geformt, dann wird der Boden eingesetzt.

3 Haida-Häuser

Die zwei Holzbauten *(oben)* im Freien sind von Totempfählen umringt. Bill Reid vom Volk der Haida und Künstlerkollege Doug Cranmer vom Stamm der Namgis schufen das Ensemble im Jahr 1962.

4 Totempfähle

In der Great Hall mit den 15 Meter hohen Glaswänden stehen eindrucksvolle Totempfähle mehrerer First Nations *(unten)*. Der bis 2023 geschlossene Bau aus Glas und Beton bildet den perfekten Rahmen.

5 *The Raven and the First Men*

Der Haida-Künstler Bill Reid fertigte diese weltberühmte Skulptur *(rechts)* des mächtigen Raben – weise, aber auch boshaft und trickreich –, der die ersten Haida entdeckt und sie aus ihrer riesigen Muschel heraus und hinein in die Welt lockt.

Im Untergrund

Das Museum steht auf drei Geschützstellungen aus dem Zweiten Weltkrieg, die baulich in die Anlage integriert wurden. Zwei Bunker aus der Zeit stehen außerhalb – einer davon dient als Plattform für Bill Reids große Rabenskulptur. Ein Labyrinth aus Geheimtunneln unter dem Gebäude verbindet die Bunker.

7 Schwarzfigurige Schale aus Athen

Diese zwischen 540 und 530 v. Chr. entstandene Tonschale in der antiken Abteilung wird dem »Kentauren-Maler« zugesprochen, einem der Kleinmeister, die kunstvolle Trinkgefäße für die feuchtfröhlichen Symposien der Athener schufen.

8 Kachelofen

Der Ofen aus dem 16. Jahrhundert – Glanzstück der Koerner European Ceramics Gallery – stammt aus Mittel- oder Osteuropa. Die Kacheln zeigen religiöse Figuren.

9 Geschnitzte Türen

Die massiven Rotzedertüren, 1976 von Gitxsan-Künstlern des 'Ksan Historical Village geschnitzt, illustrieren die Geschichte der ersten Bewohner der Region um den Skeena River.

10 Webereien

Weben hat bei den Salish lange Tradition – Ausgrabungen brachten 4500 Jahre alte Webereien der Musqueam zutage. Die Ausstellung widmet sich dem Handwerk von damals bis heute.

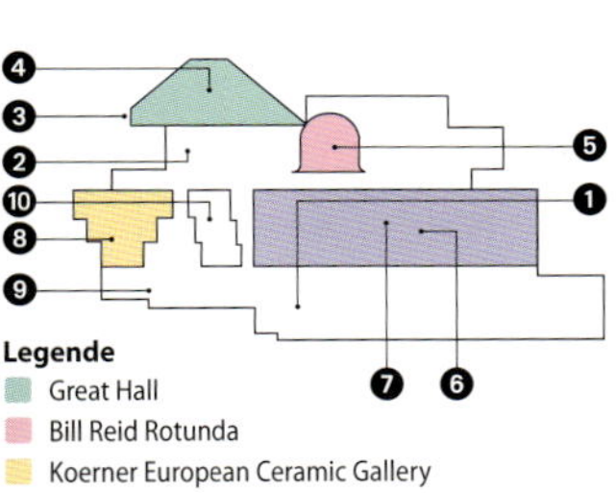

6 Schmuck aus Neuguinea

Die kunstvollen Halsketten sind Teil der 1927 vom kanadischen Forscher Frank Burnett gestifteten Sammlung, die das Museum begründete.

Infobox

Karte A2 ■ 6393 NW Marine Dr ■ +1-604-822-5087 ■ www.moa.ubc.ca

■ tägl. 10–17 Uhr (Do bis 21 Uhr; Winter: Mo geschl.)

■ Eintritt 15 $ (ermäßigt 13 $), Kinder unter 6 Jahren frei; Do ab 17 Uhr 10 $

■ Der Museumsladen ist weithin bekannt für schönen handgearbeiteten Gold- und Silberschmuck sowie für Drucke, Textilien und andere reizvolle Stücke.

■ Wer mit dem Auto kommt, kann in der Rose Garden Parkade gleich gegenüber dem Museum parken.

■ Koerner's Pub gegenüber dem Museum bietet eine gute Auswahl an Gerichten.

 Vancouver Art Gallery

Die Vancouver Art Gallery ist das größte Kunstmuseum Westkanadas. Die Sammlungen zeigen in innovativer Form kanadische und internationale Künstler – von zeitgenössischen Visionären bis zu alten Meistern. Die Dauerausstellung präsentiert bedeutende Werke der Group of Seven und von Künstlern wie Emily Carr und Bill Reid. Zu den gut 10 000 Werken, die sich im Besitz des Museums befinden, zählen auch viele Arbeiten des Fotokünstlers Jeff Wall und schöne Stücke des Haida-Künstlers Robert Davidson. Das 1983 eröffnete Museum befindet sich in einem klassizistischen Gebäude, das der kanadische Architekt Arthur Erickson umgestaltete.

Emily Carr

Obwohl die exzentrische Künstlerin (1871–1945) einer reichen Familie aus Victoria entstammte, bevorzugte sie einen alternativen Lebensstil. Viele ihrer kraftvollen Bilder entstanden bei kleinem Budget in den Urwäldern auf Haida Gwaii (Queen Charlotte Islands). Erst im Jahr 1937 erwarb die Vancouver Art Gallery eines ihrer Bilder. Emily Carrs Werke – zu ihren Lebzeiten weitgehend missachtet – erzielen heute Spitzenpreise.

① Gebäude

Der erhabene Stil des 1912 als Provinzgericht erbauten Museums *(unten)* ist recht charakteristisch für Francis Rattenbury, den damals führenden kanadischen Architekten.

② Kunst der First Nations

Gemälde, Schnitzereien und Skulpturen von den First Nations des Nordwestens sind Teil der Dauerausstellung. Dazu gehören z. B. auch Skulpturen des 1998 verstorbenen Haida-Künstlers Bill Reid. Robert Davidson, ebenfalls Haida, hat bei seinem Werk *Eagles (unten)* abstrakte und traditionelle Elemente kombiniert, was bei vielen modernen indianischen Künstlern zu sehen ist.

③ Architektur

Der renommierte Architekt Arthur Erickson fügte beim Umbau des Gerichts zum Museum 3715 Quadratmeter Ausstellungsfläche hinzu. Er behielt viele Originalelemente bei, so auch den Gerichtssaal samt dem mit Schnitzereien versehenen Richtertisch.

④ Ausstellungsprogramm

Werke von Monet, Picasso, Botticelli, Matisse und Cézanne, von flämischen Meistern oder von den Landschaftsmalern der kanadischen Group of Seven sind nur Beispiele für die jüngst hier gezeigten Ausstellungen. Auch jungen Talenten wird Raum gegeben.

⑤ Kunst auf dem Dach

Die Installation *Four Boats Stranded: Red and Yellow, Black and White* des hiesigen Künstlers Ken Lum umfasst auch ein verkleinertes Modell eines indianischen Langboots.

9 Jeff Wall Collection

Der Fotokünstler Jeff Wall, ein Sohn der Stadt, behandelt in seinen Arbeiten, die hier in großen Lichtkästen präsentiert werden, Großstadtleben und soziale Themen.

10 Südfassade

Die alte Originaltreppe an der Robson Street ist ein beliebter Treffpunkt. Den Portikus darüber schmückt eine Botschaft aus gelben Zedernholzlettern *(unten)* aus der Hand des Konzeptkünstlers Lawrence Weiner: *Placed Upon the Horizon (Casting Shadows)*.

6 Emily Carr Collection

Das Museum besitzt über 200 Arbeiten von Emily Carr. Die von der Westküste stammende Künstlerin studierte die Kulturen der First Nations und fing deren Lebensart in ihren Gemälden ein. Gern nahm sie Haida-Artefakte wie Totempfähle zum Motiv. Kräftige Farben wie in *Totem Poles, Kitseukla (oben)* dominieren ihre Bilder. Auch Emily Carrs winziges Skizzenbuch ist hier zu sehen.

Infobox

Karte K3 ■ 750 Hornby St ■ SkyTrain (Canada Line): Vancouver City Centre ■ +1-604-662-4700 ■ www.vanartgallery.bc.ca

■ tägl. 10–17 Uhr (Di bis 21 Uhr, im Sommer auch Fr bis 21 Uhr)

■ Eintritt 24 $ (ermäßigt 18/20 $), Kinder (6–12 Jahre) 6,50 $ (So frei); Di ab 17 Uhr frei/Spende

■ Der Hof des 1931 Gallery Bistro, das man auch ohne Museumsticket besuchen kann, ist an sonnigen Tagen herrlich.

■ Der Gallery Store führt Kunstbücher, Poster, Papierwaren, Schmuck und andere Souvenirs sowie ein breites Angebot an Emily-Carr-Artikeln.

7 Fotokonzeptkunst

Die zwei Jahrzehnte umspannende Dauerausstellung zeitgenössischer Fotokunst genießt Weltruf. Die präsentierten Künstler reichen von Angehörigen der Vancouver School wie Jeff Wall, Ken Lum, Stan Douglas und Ian Wallace bis zu international bekannten Namen wie Nancy Spero und Cindy Sherman.

8 Familienprogramm

Mit freiem Eintritt für Kinder an Sonntagen sowie mit speziellen Familienwochenenden bemüht sich das Haus, junge Besucher (bis 12 Jahre) an die Kunst heranzuführen. Auch für Teenager sind regelmäßig Veranstaltungen geboten.

Folgende Doppelseite Nächtlich beleuchtete Science World

WORLD
of SCIENCE

TOP 10 Granville Island

Die Halbinsel zieht jedes Jahr Millionen von Besuchern an. Wo einst giftige Rauchschwaden der Schwerindustrie hingen, unterhalten heute Straßenkünstler mit Musik, Comedy und Zaubertricks. Auf dem Granville Island Public Market gibt es Lebensmittel und allerlei Krimskrams, die gut 200 Läden der Insel bieten nahezu alles von Designerschmuck bis zu Yachten.

3 Net Loft

Eine kleine Gruppe Boutiquen verkauft hier besondere Geschenke und Souvenirs wie handgeschöpftes Papier, Hüte, Perlen sowie einheimisches und indianisches Kunsthandwerk.

4 Arts Club Theatre & Lounge

Die Arts Club Theatre Company bringt Comedy, Klassiker und Musicals auf die Granville Island Stage *(siehe S. 53)*, in der Backstage Lounge *(siehe S. 88)* treten Bands aus der Region auf.

1 Kids Market

In dem Märchenland für Kinder *(oben)* ist für Spaß gesorgt. Über 20 Läden verkaufen alles von Spielzeug bis zu toller Kinderkleidung.

2 Maritime Market & Marina

Zu den Läden und Dienstleistern des Markts gehören Fischhändler, Souvenirläden, Touranbieter und Bootsverleiher. In der Marina *(unten)* ankern schicke Yachten neben Fischerbooten.

Infobox

Karte H5 ■ www.granvilleisland.com

Kids Market & Net Loft: tägl. 10–19 Uhr (Jan–März: 10–18 Uhr)

Maritime Market & Marina: tägl. 9–19 Uhr

Arts Club Theatre & Lounge: 1585 Johnston St ■ www.artsclub.com

Artisan Sake Maker: 1339 Railspur Alley ■ tägl. 11.30–18 Uhr

Vancouver Studio Glass: 1440 Old Bridge St ■ +1-604-681-6730 ■ Mo–Sa 10–18, So 11–17 Uhr

Granville Island Public Market: tägl. 9–18 Uhr; Mo im Jan geschl.

Granville Island Brewing: 1441 Cartwright St ■ +1-604-687-2739 ■ tägl. 11–21 Uhr

Craft Council of BC Shop & Gallery: 1386 Cartwright St ■ +1-604-687-7270 ■ tägl. 10–18 Uhr

7 Granville Island Public Market

In der Markthalle *(links)* gibt es nicht nur frisches Obst und Gemüse, Fisch und Fleisch, sondern auch Backwaren und Süßigkeiten, Spezialitäten aus aller Welt, Blumen, Kunsthandwerk und verschiedenste Restaurants *(siehe S. 86)*.

Fähren nach Granville Island

Boote von Aquabus und False Creek Ferries fahren ganzjährig rund um den False Creek und pendeln in kurzen Intervallen zwischen Downtown und Granville Island. Auch Bootsfahrten nach Yaletown, zur Science World und zum Vanier Park sowie Mini-Kreuzfahrten bei Sonnenuntergang sind unterhaltsam.

5 Artisan Sake Maker

Preisgekrönter Sake, hergestellt aus fermentiertem Reis aus dem Fraser Valley, kann im Verkostungsraum dieses Weinguts probiert und gekauft werden. Zudem gibt es köstliche japanische Snacks. Führungen durch das Weingut werden angeboten.

8 Granville Island Brewing

Kanadas erste Mikrobrauerei wurde 1984 eröffnet. Die ohne künstliche Zusätze gebrauten Biere *(links)* gibt es in hiesigen Kneipen, man kann sie aber auch nach einer Führung durch die Brauerei (mehrmals täglich) im dortigen Taproom *(siehe S. 57)* probieren.

10 Railspur District

In den Ateliers und Werkstattläden rund um die Railspur Alley *(unten)* arbeiten Maler, Töpfer und auf Holz, Leder, Glas und Altmetall spezialisierte Kunsthandwerker.

6 Vancouver Studio Glass

Besucher können Glaskünstlern zusehen, wie sie traditionelle Vasen, Schmuck und Schalen aus Glas blasen. In einem der vier Öfen befinden sich stets etwa 70 Kilogramm flüssiges, rund 1100 Grad heißes Glas. Die fertigen Objekte werden in der angeschlossenen Galerie zum Kauf angeboten.

9 Craft Council of BC Shop & Gallery

Zu den hier ausgestellten Werken lokaler Künstler gehören u. a. Schmuck, Keramik und Holzschnitzereien.

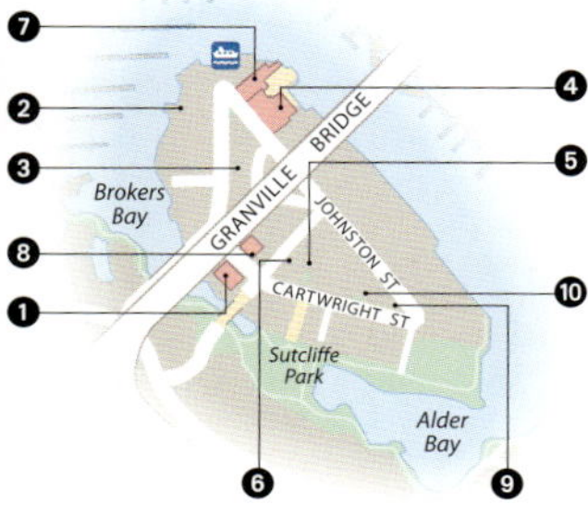

TOP 10 Science World

Das preisgekrönte Museum bietet faszinierende Einblicke in unser Universum. Die Erkundung führt von den winzigsten Insekten auf der Erde bis zu den entferntesten Winkeln des Weltalls. Das für die Expo '86 erbaute Gebäude wurde 1989 als Wissenschaftszentrum wiedereröffnet. Sieben Ausstellungsbereiche bieten Hunderte Objekte und interaktive Exponate sowie unterhaltsame Vorführungen, zudem gibt es regelmäßig Sonderausstellungen.

1 Feature Exhibition

Die alle paar Monate wechselnden interaktiven Ausstellungen zu verschiedensten wissenschaftlichen Themenbereichen sind immer großartig, innovativ und spannend. Wissbegierige aller Altersstufen können sich auf unterhaltsame Weise mit Phänomenen wie Licht und Schall oder mit Technik beschäftigen.

2 Wonder Gallery

Kinder bis fünf dürfen hier klettern, rutschen und springen. Besonders beliebt sind Bauklötze und Kletterturm, Wasserspiele und die lustigen Experimente im »Laborbus« *(rechts)*.

3 Geodätische Kuppel

Die 47 Meter hohe Kuppel *(oben)* – von den Einwohnern Vancouvers liebevoll »der Golfball« genannt – hat die durch den US-Architekten R. Buckminster Fuller berühmt gewordene Struktur. Insgesamt 766 spiegelnde Außenpaneele reflektieren das Sonnenlicht, nachts funkeln daran 391 Lichter.

4 Our World

Die Ausstellung zum Thema Nachhaltigkeit zeigt, wie unser Umgang mit Lebensmitteln und mit Abfall das Transport- und auch das Gemeinwesen beeinflussen.

5 Science Theatre

Lehrfilme in HD informieren Jung und Alt über Wissenschaften, Natur und Weltall, für die Kleinen gibt es unterhaltsame Cartoons.

Legende

- Ebene 1
- Ebene 2
- Ebene 3

8 Peter Brown Family Centre Stage

Fünfmal täglich werden in Vorführungen mit Ballons, Elektrizität, Seifenblasen und Feuer Naturgesetze und -phänomene demonstriert.

9 BodyWorks

Wie können Menschen hören und wie riechen? Diese und andere Fragen über den menschlichen Körper werden in der interaktiven Abteilung mit viel Freude beantwortet.

Eureka! 7

Die Exponate dieser Galerie *(rechts)* beleuchten übergreifende Themen wie Wasser, Luft, Bewegung und Erfindungen. Kinder und Erwachsene können in einem wissenschaftlichen Labor eigene Entdeckungen machen oder mit einer Infrarotkamera besonders warme Körperstellen entdecken.

Search: Sara Stern Gallery 6

Lebendige Kriechtiere, die Nachbildung eines Biberbaus, ein echtes Bienenvolk und das imposante Skelett eines Tyrannosaurus Rex *(rechts)* geben Einblick in die Naturgeschichte.

10 OMNIMAX® Theatre

Das Kino in der Kuppel fasst 400 Zuschauer. Auf die fünfstöckige Leinwand – mit 27 Metern Durchmesser eine der größten der Welt – werden die Bilder neunmal größer als üblich projiziert. Die Filme sind so informativ wie spannend.

Infobox

Karte M5 ■ 1455 Quebec St ■ SkyTrain (Expo Line): Main Street / Science World ■ +1-604-443-7440 ■ www.scienceworld.ca

■ Mo – Fr 10 – 17 Uhr, Sa & So 10 – 18 Uhr (Juli & Aug tägl. bis 18 Uhr); 25. Dez geschl.

■ Eintritt 27,62 $ (ermäßigt 22,14 $), Kinder (3 – 12 J.) 18,57 $; inkl. OMNIMAX®-Film jeweils 6 $ mehr; OMNIMAX® Theatre (ohne Ausstellung) 12 $

■ Auf dem Gelände bietet eine Filiale der beliebten kanadischen Kette White Spot *(siehe S. 51)* Burger mit leckerer Sauce, Salate und mehr. Auf Ebene 2 sind Säfte und Eis am Stiel zu haben.

■ Da der Science-World-Parkplatz klein und teuer ist, empfiehlt sich die Fahrt mit dem SkyTrain – von der Station ist es nicht mehr weit.

■ Von März bis Oktober kann man auf dem Außengelände der Science World im großartigen Ken Spencer Science Park sehen, wie glückliche Hühner in Hinterhofhaltung leben und wie man verschiedene Gemüse und Feldfrüchte in einem Hochbeet anpflanzt. Im Rahmen interaktiver Präsentationen erfährt man zudem viel über Recycling und den verantwortungsvollen Umgang mit dem eigenen Müll.

TOP 10 Victoria

Die »Stadt der Gärten« bietet den perfekten Ausgleich zum geschäftigen Vancouver. Victoria, 1843 als Fort der Hudson's Bay Company gegründet, wuchs schnell an, wurde 1868 Hauptstadt von British Columbia und zog Architekten wie Francis Rattenbury an. Das Herz der Stadt schlägt am Inner Harbour, um den sich die älteste Chinatown Kanadas, tolle Museen und das Haus von Emily Carr, Victorias berühmtester Künstlerin, gruppieren.

Gouverneur James Douglas

Der »Vater British Columbias« kam 1803 im heutigen Guyana zur Welt. Als Angestellter der Hudson's Bay Company gründete er 1843 Fort Victoria, das er innerhalb von 20 Jahren zu einem politischen Machtzentrum ausbaute. 1863 wurde er zum Ritter geschlagen. Sir James Douglas starb 1877 in Victoria.

1 Royal BC Museum

Der Schwerpunkt des Museums liegt auf Kunst und Kultur der First Nations, es beleuchtet aber auch die Natur und die Geschichte von British Columbia und regt mit wechselnden Ausstellungen den Geist an *(siehe S. 30f)*.

2 Fairmont Empress

Das schlossartige Hotel *(siehe S. 119)*, ein Wahrzeichen Victorias, baute Francis Rattenbury 1908 für die Canadian Pacific Railway. Nachmittagstee ist hier ein Erlebnis.

3 Inner Harbour

Der Hafen *(oben)* ist Victorias historisches Zentrum. An den Piers liegen Yachten, Fischerboote, Fähren und Wasserflugzeuge; eine breite Promenade lockt Spaziergänger an.

4 British Columbia Parliament Buildings

Imposante klassizistische Gebäude aus grauem Granit *(unten)*, 1898 vom erst 25-jährigen Francis Rattenbury entworfen, beheimaten die Legislative der Provinz. Nachts wird der Bau am Inner Harbour von 3500 Lichtern angestrahlt.

5 Craigdarroch Castle

Die vierstöckige Villa mit 39 Zimmern, Ende der 1880er Jahre für den Kohlebaron Robert Dunsmuir erbaut, präsentiert Originalmöbel, Buntglasfenster *(oben)* und eine Prachttreppe aus Eiche.

6 Beacon Hill Park

In dem hübschen Park laden knorrige Oregon-Eichen, reizvolle Pflanzen und ein 350 Jahre altes chinesisches Glockenspiel zum Verweilen ein *(siehe S. 44)*.

7 Maritime Museum of British Columbia

35 000 Exponate und interessante Touren durch den Inner Harbour vermitteln Wissenswertes zur Seefahrtsgeschichte der Region. Hören Sie von Piraten und berühmten Schiffswracks, oder lernen Sie, Seemannsknoten zu knüpfen.

8 Emily Carr House

Das 1864 erbaute Geburtshaus der Künstlerin *(siehe S. 20)* ist beispielhaft für die viktorianische Zeit. Sein Stil – English Gingerbread oder auch San Francisco Victorian – findet sich bei vielen der restaurierten alten Häuser des Viertels wieder.

9 Art Gallery of Greater Victoria

Ein Herrenhaus von 1889 birgt das Kunstmuseum, das für seine Asiatika-Sammlung samt Shinto-Schrein und die herausragende Sammlung an Gemälden *(rechts)* und Schriften von Emily Carr bekannt ist.

10 Chinatown

Victorias Chinatown war einst so groß wie die in San Francisco, heute ist sie ein lebendiges, zwei Blocks großes Viertel voller Läden, Restaurants und Ateliers.

Infobox

Karte E6 ■ www.tourismvictoria.com

Royal BC Museum: Karte P4 ■ 675 Belleville St ■ +1-250-356-7226 ■ tägl. 10–18 Uhr (Juni–Sep: Fr & Sa bis 22 Uhr) ■ Eintritt 16,95 $ (erm. 15,25 $), Kinder (6–18 J.) 15,25 $ ■ www.royalbcmuseum.bc.ca

British Columbia Parliament Buildings: Karte P4 ■ 501 Belleville St ■ +1-250-387-3046 ■ Mo–Fr 8.30–16.30 Uhr (nur mit Führung) ■ Eintritt frei ■ www.leg.bc.ca

Craigdarroch Castle: Karte E6 ■ 1050 Joan Cres ■ +1-250-592-5323 ■ tägl. 10–16.30 Uhr (Mitte Juni–Aug: 9–19 Uhr) ■ Eintritt 20,60 $ (erm. 14,80/19,60 $), Kinder (6–12 J.) 10 $ ■ www.thecastle.ca

Maritime Museum of BC: Karte P3 ■ 744 Douglas St ■ +1-250-385-4222 ■ Di–Sa 10–17 Uhr ■ Eintritt 10 $ (erm. 8 $), Kinder (12–17 J.) 5 $ ■ www.mmbc.bc.ca

Emily Carr House: Karte P6 ■ 207 Government St ■ +1-250-383-5843 ■ geöffnet nach Vereinbarung ■ Eintritt 7 $, Kinder (6–18 J.) 4,50 $ ■ www.carrhouse.ca

Art Gallery of Greater Victoria: Karte E6 ■ 1040 Moss St ■ +1-250-384-4171 ■ Mo–Sa 10–17 Uhr (Do bis 21 Uhr), So 12–17 Uhr ■ Eintritt 13 $ (erm. 11 $), Kinder (6–17 J.) 2,50 $ ■ www.aggv.ca

■ BC Ferries *(siehe S. 110)* nach Victoria legen vom Fährhafen Tsawwassen ab.

■ Victoria Harbour Ferries (1-250-514-9794; www.victoriaharbourferry.com) bieten Hafentouren.

Royal BC Museum

1 First Peoples Gallery

Die alten Fotografien, historische Film- und Tonaufnahmen und indianische Artefakte sorgen für unvergessliche Eindrücke. Besonders interessant ist die tolle Sammlung kunstvoller Zeremonien-Masken.

2 Becoming BC Gallery

Die 20th Century Hall entführt in die Old Town – ins Victoria kurz nach 1900. Zu den rekonstruierten Gebäuden zählen das Grand Hotel, eine Lachskonservenfabrik, eine Schneiderei und ein chinesischer Kräuterladen. Auch Captain George Vancouvers H.M.S. *Discovery* wurde in Originalgröße nachgebaut.

3 Netherlands Centennial Carillon Tower

Der Turm mit den 62 Glocken wurde 1967 von holländischstämmigen Bewohnern der Provinz gestiftet. Kostenlose Konzerte gibt es in der Regel immer sonntags um 15 Uhr.

Netherlands Centennial Carillon Tower

Totempfahl, Thunderbird Park

4 Thunderbird Park

Den Museumspark zieren etwa ein Dutzend Pfähle. Die mythischen Figuren entstammen überlieferten Legenden der Küsten-Salish. Zu sehen sind u. a. Gedenkpfähle der Gitxsan, Begräbnispfähle der Haida, ein Cumshewa-Pfahl und Totempfähle der Kwakwaka'wakw.

5 Ocean Station

Die in Form eines U-Boots gestaltete Ausstellung aus viktorianischer Zeit präsentiert die Meereswelt an der Küste von British Columbia. Bullaugen und ein bewegliches Periskop bieten Blick auf das Treiben der bunten Fische, Seeigel und anderer Meerestiere im 360-Liter-Aquarium sowie auf ein riesiges Riff.

6 St. Ann's Schoolhouse

Das um 1843 erbaute Schulhaus wurde dem Museum von den Sisters of St. Ann gestiftet, die dort lange unterrichtet hatten. Man verlegte es 1974 an diesen Standort, wo es als Informationszentrum dient.

7 Mungo Martin House

Das Wawadit'la genannte Langhaus wurde 1952 von Chief Mungo Martin, dem wohl besten Schnitzer seiner Zeit, erbaut. Das Familienwappen ziert die Pfosten. Wawadit'la wird noch heute – mit Erlaubnis von Chief Martins Enkel – als Langhaus für diverse Veranstaltungen der First Nations genutzt.

8 IMAX Victoria Theatre

Auf der gewaltigen Leinwand des IMAX-Kinos widmen sich wechselnde Dokumentarfilme verschiedensten Themenbereichen – vom Leben der Wale bis zum Weltall.

9 Natural History Gallery

Naturgetreue Dioramen zeigen verschiedene Habitate – vom Meer bis zum borealen Nadelwald einschließlich des riesigen Primärwalds, der einst British Columbias Küste bedeckte. Eindruck macht vor allem der Grizzlybär, das größte Landraubtier der Region, aber auch das lebensgroße Mammut und der Steller'sche Seelöwe sind imposant.

10 Helmcken House

Das 1852 von Dr. John Sebastian Helmcken aus Douglasfichte erbaute Blockhaus, eines der ältesten in British Columbia, befindet sich an seinem Originalstandort. Die drei Zimmer bergen Mobiliar aus viktorianischer Zeit.

Statue vor dem Helmcken House

Aussöhnung & Rückgabe

Im März 2017 riefen Royal BC Museum und First Peoples' Cultural Council zu einem Symposium in Kelowna, BC. Bei dem Treffen sollte die Rückgabe von Artefakten aus der Museumssammlung – Stücke, zum Teil heilige Objekte, aus dem Kulturerbe der First Nations – besprochen werden. Die Aussöhnung British Columbias mit seinen First Nations stand im öffentlichen Fokus, seit die kanadische Truth and Reconciliation Commission (TRC) viel von dem Leid aufgedeckt hatte, das man über 150 000 Kindern von First Nations, Métis und Inuit antat, indem man sie aus ihrer Gemeinschaft riss und zum Schulbesuch zwang. Der Abschlussbericht der TRC betonte das Recht indigener Völker auf die Rückgabe ihres kulturellen Erbes – einschließlich Stücke, die in den Museen Nordamerikas und Europas ausgestellt sind.

Die Totem Hall birgt gewaltige Totempfähle und Schnitzereien von First Nations wie Kwakwaka'wakw, Heiltsuk, Nuxalk, Gitxsan, Haida und Nuu-chah-nulth.

Museumsexponate

1 Dinosaurierabdrücke
Die Abgüsse stammen von Fußspuren aus dem Peace River Canyon.

2 Mammut
Das pelzige Modell entspricht der Lebensgröße.

3 Totem Hall
Der Saal ist Herzstück der First Peoples Gallery.

4 Huu-ay-aht-Figuren
Diese Figuren in der Lobby sind über 200 Jahre alt.

5 *Caryatid*
Die Bronze stammt von der Künstlerin Elza Mayhew.

6 Cooks Todesdolch
Diese Waffe tötete den Entdecker James Cook.

7 Richterperücke
Das Stück gehörte dem berüchtigten Obersten Richter Matthew Baillie Begbie.

8 Puma
Ein Diorama zeigt die größte Wildkatze der Region.

9 Haida-Kästchen
Bill Reid schuf das goldene Kästchen im Jahr 1971.

10 Schneiderladen
Die chinesische Schneiderei ist einem Laden in Victorias Altstadt nachempfunden.

TOP 10 Long Beach & Umgebung

Die Westküste von Vancouver Island bietet rund um Long Beach unberührte Natur mit Regenwald, endlose Strände und wunderbare Panoramen. Im UNESCO-Biosphärenreservat Clayoquot Sound sind Weißkopfseeadler, im Pazifischen Ozean Weißflankenschweinswale, Seelöwen und Robben zu sehen. In Long Beach gibt es tolle Möglichkeiten zum Surfen, Fischen, Kajakfahren, Wandern und Stürmebeobachten.

1 Long Beach

An dem 25 Kilometer langen, windumtosten Sandstrand brechen sich stete Wellen, dahinter wachsen riesige Sitka-Fichten und Zedern in moosigen Regenwäldern. Die Pazifikbrandung bietet das ganze Jahr über gute Surfbedingungen.

Grauwale

Rund 20 000 Grauwale ziehen jedes Jahr nahe Long Beach an Vancouver Island vorbei. Von Dezember bis Anfang Februar wandern die Tiere von der Arktis in Gewässer vor Südkalifornien und Mexiko, wo sie ihren Nachwuchs gebären; im Mai kehren sie wieder nach Norden zurück. Insgesamt legen die Wale dabei rund 18 000 Kilometer zurück.

2 Roy Henry Vickers Gallery

Der Tsimshian-Grafiker Roy Henry Vickers führt die Galerie in einem Zedern-Langhaus in Tofino. Die Front ist in der Tradition der hiesigen First Nations bemalt und mit Schnitzereien versehen.

3 Ucluelet

Der kleine Ort lockt mit Outdoor-Aktivitäten zu Land und zu Wasser *(unten)*. Man kann hier Stahlkopfforellen, Störe, Heilbutte sowie Pazifik- und Süßwasserlachse angeln. Gemäßigtes Klima sorgt für 328 frostfreie Tage im Jahr.

4 Kwisitis Visitor Centre

Das aus Zedernholz erbaute Besucherzentrum zeigt naturkundliche Exponate und historische Artefakte vom Volk der Nuu-chah-nulth.

5 Wild Pacific Trail

Der 16 Kilometer lange Wanderweg führt von Ucluelet durch Küstenregenwald bis zum Pacific Rim National Park Reserve.

9 Tofino

Der spanische Entdecker Juan Francisco de la Bodega y Quadra benannte Tofino nach einem seiner Lehrer. Der nette, rund 1900 Einwohner zählende Küstenort am Eingang des Clayoquot Sound *(siehe S. 92)* lädt zu Strandvergnügen und Outdoor-Aktivitäten, zum Beobachten von Winterstürmen und zum Genuss regionaler Spezialitäten.

6 Meares Island

Die Insel *(oben)* erreicht man mit Boot oder Wassertaxi. Der Big Tree Trail führt dort zu einer riesigen alten Rotzeder namens »Hanging Garden«.

7 Pacific Rim National Park Reserve

Der Nationalpark, ein guter Ort für Walbeobachtungen, umfasst drei Gebiete: Long Beach, West Coast Trail und Broken Group Islands.

8 West Coast Trail

Die 75 Kilometer lange Wanderroute – gesäumt von Höhlen, Felsbogen und Wasserfällen – folgt einem historischen Rettungsweg für verunglückte Seeleute.

Infobox

Karte A4 – B5 ■ www.vancouverisland.com

Roy Henry Vickers Gallery: Karte A4 ■ 350 Campbell St, Tofino ■ tägl. 10 – 17 Uhr ■ www.royhenryvickers.com

Kwisitis Visitor Centre: Karte B5 ■ 485 Wick Rd, Ucluelet ■ Fr – So 10 – 17 Uhr (Juni – Sep tägl.)

Pacific Rim National Park Reserve: +1-250-726-3500 ■ Eintritt 7,80 $, unter 18 J. frei ■ www.pc.gc.ca

■ Die malerische, 320 Kilometer lange Fahrt von Victoria nach Tofino dauert etwa sechs Stunden.

■ Wanderungen auf dem West Coast Trail erfordern Genehmigung durch die Pacific-Rim-Parkbehörde.

10 Hot Springs Cove

Dieses beliebte Ausflugsziel *(oben)* 37 Kilometer nordwestlich von Tofino erreicht man mit Boot oder Wasserflugzeug. Ein Plankenweg führt durch urwüchsigen Regenwald zu einigen geothermisch erwärmten Felsenpools, die zum Bad einladen.

TOP 10 Whistler

Vom glitzernden Howe Sound bis zu den verschneiten Coast Mountains – die 120 Kilometer lange Strecke von Vancouver nach Whistler präsentiert herrliche Landschaften. Die Gipfel von Whistler Mountain und Blackcomb Peak locken jährlich gut zwei Millionen Besucher an. Whistler – Austragungsort der Olympischen und Paralympischen Winterspiele 2010 – ist das ganze Jahr über Urlaubsresort. Neben exzellenten Hotels, Restaurants und Läden bietet die Region auch unberührte Waldgebiete und fünf schöne Seen.

1 Blackcomb Peak

An dem 2436 Meter hohen, »Mile High« genannten Berg stehen Skifahrern über 100 Pisten zur Wahl. Im Sommer empfiehlt sich ein Ausflug zum Horstman Glacier.

3 Whistler Mountain

Das fast 20 Quadratkilometer große Gebiet bietet über 100 markierte Pisten *(rechts)*. Auf der 20-minütigen Fahrt mit der Whistler Village Gondola zum Gipfel hat man tollen Blick aufs Whistler Valley. Im Sommer kommen Wanderer und Mountainbiker her.

2 Fairmont Chateau Whistler

Das imposante Hotel *(oben)* ragt im Ort Upper Village über das Tal. Antiquitäten, die mit Blattgold verzierte Decke und kanadische Kunstwerke in der Lobby lohnen einen Blick. Besonders beliebt ist die beheizte Veranda der opulenten Mallard Lounge.

4 Whistler Village

Die autofreie, von Läden, Hotels und Lokalen umringte alpine Enklave bietet direkten Zugang zu den Pisten am Whistler Mountain. Hier ist es rund um die Uhr lebhaft.

Infobox

Karte F1 ■ www.whistler.com

Whistler Visitor Centre: 4230 Gateway Dr ■ +1-604-935-3357 ■ So–Mi 8–17 Uhr (Juli & Aug: 9–18 Uhr), Do–Sa 8–21 Uhr (in der Hochsaison länger)

Fairmont Chateau Whistler: 4599 Chateau Blvd ■ +1-604-938-8000

■ Zwischen Blackcomb Peak und Whistler Mountain verkehrt die Peak 2 Peak Gondola – eine der weltweit höchsten und längsten Seilbahnen ihrer Art.

■ In den Bergen brauchen Sie auch im Sommer warme und wetterfeste Kleidung.

■ Das höchstgelegene Lokal des Gebiets ist die Horstman Hut auf 2284 Metern.

■ Mitunter sind morgens am Valley Trail Schwarzbären zu sehen – halten Sie Abstand!

6 Valley Trail

Wanderer, Radfahrer und Inlineskater schätzen den 40 Kilometer langen Weg, der – durch Wälder immer an Wohngebieten vorbei – zu Lost Lake, Rainbow Park, Alta Lake, Nita Lake und Alpha Lake führt. Der Lost Lake Loop gehört im Winter den Langläufern.

In Whistler unterwegs

Ein kostenloser Shuttledienst verkehrt alle 20 bis 30 Minuten zwischen Skipisten und Hotels. In die Dörfer fahren Busse von BC Transit. Taxis bestellt man telefonisch oder per App (+1-604-932-3333; www.whistlertaxi.com).

8 Upper Village

Der Ort am Fuß des Blackcomb Peak bietet idealen Zugang zu den Pisten, luxuriöse Ski-in-Ski-out-Hotels, erstklassige Restaurants und noble Läden. Kinder haben im Sommer Spaß in der Adventure Zone.

9 Village North

Das nur kurz nach Upper Village entstandene Örtchen lässt auch Autos ein und hat eine Shoppingmall mit schicken Läden, Restaurants und Cafés zu bieten.

5 Alta Lake

An diesem See lag mit der Rainbow Lodge Whistlers erstes Resort; Reste davon zeigen sich im Rainbow Park *(unten)*. Hier kann man schwimmen, surfen und Kanu fahren oder den Valley Trail entlangspazieren.

7 Creekside

Es wurden Millionen investiert, um den alten Ort an der Creekside Gondola zu sanieren und Luxushotels und eine kleine Mall zu bauen. Skifahrer haben direkten Zugang zum Whistler Mountain.

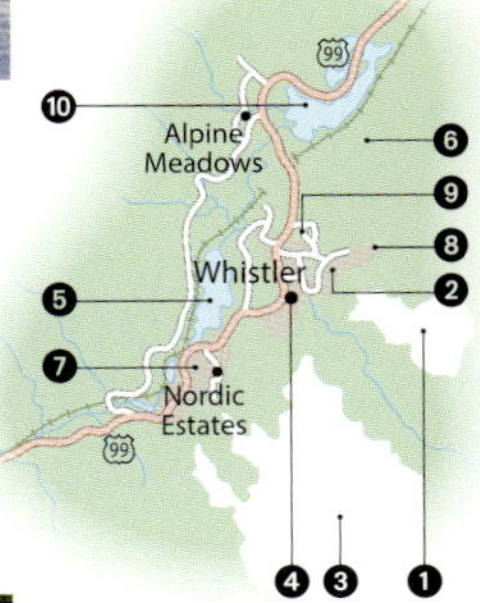

10 Green Lake

Der dank des klaren Schmelzwassers in der Tat grüne Gletschersee liegt sensationell inmitten einiger der höchsten Gipfel des Gebiets, darunter der mächtige Mount Currie.

Themen

Besucher auf dem Cliffwalk im Capilano Suspension Bridge Park

Historische Ereignisse	38
Museen & Sammlungen	40
Kunst der First Nations	42
Wellness	44
Strände & Buchten	46
Parks & Gärten	48
Kinder	50
Veranstaltungsbühnen	52
LGBTQ+ in Vancouver	54
Bars & Clubs	56
Restaurants	58
Shopping	60
Kostenlose Attraktionen	62
Feste & Festivals	64

TOP 10 Historische Ereignisse

1 ca. 6000 v. Chr.: Erste Besiedlung durch First Nations

Rund 8000 Jahre lang war Amerikas Nordwestküste Siedlungsort für Stämme der Küsten-Salish. Da wo heute Vancouver liegt, lebten lange Zeit vor allem Squamish, Tsleil-Waututh und Xwméthkwyiem, während Vancouver Island das Land der Nuu-chah-nulth, der Kwakwaka'wakw und – insbesondere in der Gegend von Victoria – der Lekwungen (oder Songhees) war.

Bildliche Darstellung der Hudson's Bay Company

2 1790er Jahre: Ankunft der Europäer

Obwohl James Cook schon 1778 an der Westküste von Vancouver Island an Land gegangen war, wurden Insel und spätere Stadt nach dem Briten George Vancouver benannt, der 1792 den Burrard Inlet erkundete. Auch die Spanier hatten zu der Zeit schon Gebietsansprüche angemeldet – Juan Francisco de la Bodega y Quadra war hier 1775 auf Expedition gewesen. Für die First Nations hatte das Auftauchen der Europäer verheerende Folgen.

3 1808: Entdeckung des Fraser River

Auf der Suche nach einem Weg zum Pazifik folgte der Pelzhändler und Kartograf Simon Fraser 1808 einem Fluss, den er für den Columbia River hielt, der ihn aber statt zum Pazifik zur Strait of Georgia bringen sollte. An der Mündung des nach seinem Entdecker benannten Flusses liegt heute Vancouver.

4 1821: Handelsdistrikt unter Verwaltung der Hudson's Bay Company

Anfang des Jahrhunderts konkurrierten in Kanada North West Company und Hudson's Bay Company im Pelzhandel, 1821 vereinigten sie sich. 1848 wurde Fort Yale als Handelsposten am Fraser River erbaut.

5 1850er Jahre: Goldrausch

Als man im Fraser River Gold entdeckte, explodierte Fort Yale. Das Wachstum veranlasste die Briten, das Gebiet 1858 zur Kronkolonie British Columbia zu erklären.

6 1871: Kanadische Provinz British Columbia mit Hauptstadt Victoria

Fort Victoria blieb Drehkreuz der (ab 1866 mit Vancouver Island vereinigten) Kolonie und wurde 1868 ihre Hauptstadt. 1871 trat die Kolonie British Columbia der Kanadischen Konföderation bei.

7 1886: Canadian Pacific Railway bis Vancouver

1886 beschloss die Canadian Pacific Railway, ihre Strecke um 20 Kilometer zu verlängern, und verlegte die Endstation von Port Moody nach Granville (bzw. Gastown), das den Namen Vancouver erhielt. Die Stadtgründung erfolgte am 6. April 1886. Der erste Zug lief im Mai 1887 ein.

8 1908: University of British Columbia

1908 fasste man den Beschluss, aus dem Vancouver College, das 1899 als Teil der McGill University in Montréal entstanden war, eine unabhängige Universität zu machen. Bis zur Einweihung am neuen Standort Point Grey sollten jedoch noch 17 Jahre vergehen *(siehe S. 103)*.

9 2010: Olympische Winterspiele

Die Winterspiele fanden in Vancouver und Whistler *(siehe S. 34f)* statt. Zentrum war das BC Place Stadium, die Kosten betrugen knapp zwei Milliarden Dollar. Anlässlich der Spiele wurden der Sea-to-Sky Highway saniert, die Canada Line nach Richmond eröffnet und das olympische Dorf gebaut.

10 2021: Unmarked Graves

Zwischen den 1860er und den 1980er Jahren richtete man im ganzen Land Internate ein, um die Kinder der indigenen Bevölkerung in die kanadische Gesellschaft zu integrieren. Dabei verweigerte man den Schülern die Pflege ihrer traditionellen Sprachen, ihrer Religion und ihrer Lebensweise. Im Jahr 2021 wurden auf dem Gelände dieser Schulen in der Nähe von Vancouver Island Hunderte von anonymen Gräbern (»unmarked graves«) indigener Kinder entdeckt.

Gedenkstätte für indigene Kinder

Berühmte Kinder der Stadt

Umweltschützer Dr. David Suzuki

1 David Suzuki
Der Genetikprofessor und wissenschaftliche TV-Moderator appeliert seit Jahren an das Umweltbewusstsein der Bürger.

2 E. Pauline Johnson
Das Leben der First Nations war Thema der Lyrikerin (1861–1913), Tochter eines Mohawk-Häuptlings. Ein bekanntes Gedicht handelt von der Lost Lagoon im Stanley Park *(siehe S. 12)*.

3 Joseph Seraphim Fortes
Joe Fortes kam 1885 von Trinidad über England nach Vancouver, wo er als erster offizieller Rettungsschwimmer Hunderte Menschen vor dem Ertrinken bewahrte.

4 Emily Carr
Die Künstlerin, eigentlich Kind der Stadt Victoria, wird in der Vancouver Art Gallery geehrt *(siehe S. 20)*.

5 Chief Joe Capilano
Der Squamish-Häuptling (1854–1910) setzte sich vehement für bessere Rechte der indigenen Bevölkerung ein.

6 Michael J. Fox
Der an Parkinson erkrankte Schauspieler, aufgewachsen im nahen Burnaby, hat eine Stiftung zur Erforschung der Krankheit ins Leben gerufen.

7 Douglas Coupland
Der Autor des Romans *Generation X* (1991) wuchs in West Vancouver auf.

8 Michael Bublé
Die Karriere des Jazzsängers begann in einem Club in der Granville Street.

9 Seth Rogen
Der Schauspieler zog der Karriere wegen mit 16 Jahren von Vancouver nach L.A.

10 Heather Ogden
Die Solotänzerin des kanadischen Staatsballetts absolvierte ihre Ausbildung an der Richmond Academy of Dance.

TOP 10 Museen & Sammlungen

Wood Interior von Emily Carr

1 Vancouver Art Gallery

Neben alten und jüngeren Werken von Künstlern aus British Columbia und der restlichen Welt zeigt das Haus die weltgrößte Emily-Carr-Sammlung wie auch Wechselausstellungen *(siehe S. 20f)*.

2 Chinese Cultural Centre Museum & Archives

Karte M4 ▪ 555 Columbia St ▪ +1-604-658-8880 ▪ Di–So 10–17 Uhr ▪ Eintritt frei/Spende ▪ www.cccvan.com

Die Ausstellung ist der Geschichte der chinesischen Gemeinde gewidmet – vom Cariboo-Goldrausch der 1860er Jahre bis zur Ansiedlung in Chinatown. Ein Anbau birgt klassische und moderne chinesische Kunst.

3 Roedde House Museum

Karte J3 ▪ 1415 Barclay St ▪ +1-604-684-7040 ▪ Di–Fr 11–16 Uhr (Juni–Aug auch Sa), So 13–16 Uhr ▪ Eintritt ▪ www.roeddehouse.org

Das schöne historische Wohnhaus präsentiert nicht nur sein sorgsam restauriertes Originalinterieur aus dem 19. Jahrhundert, sondern auch kleine Konzerte.

4 BC Sports Hall of Fame

Hier werden sportliche Errungenschaften und Lokalmatadore wie etwa Terry Fox und sein Marathon of Hope *(siehe S. 76)* oder Rick Hansens Man in Motion World Tour gefeiert. In der Participation Gallery können sich Besucher im Werfen, im Rennen und im Klettern versuchen *(siehe S. 77)*.

5 Inuit Gallery

Karte L3 ▪ 120 Carrie Gates Ct ▪ +1-604-688-7323 ▪ Mo–Sa 10–18 Uhr, So 11–17 Uhr ▪ www.inuit.com

Die Ausstellung der renommierten Galerie kann mit so manchem Museum mithalten. Die herausragenden Werke von Inuit und hiesigen First Nations – Skulpturen, Grafiken und Schmuck – stehen zum Verkauf.

6 Museum of Vancouver

In den Dauer- und Wechselausstellungen des Hauses wird Vancouvers Vergangenheit beleuchtet. Exponate wie ein Soda Shop aus den 1950er Jahren oder die interaktive

Futuristischer Bau des Museum of Vancouver

Präsentation der Hippie-Ära machen jüngere Zeitgeschichte lebendig *(siehe S. 85)*.

7 Museum of Anthropology

Das eindrucksvolle Museum auf den Klippen über dem Burrard Inlet besitzt über 500 000 ethnografische und archäologische Artefakte aus aller Welt. Der Schwerpunkt der Sammlung liegt auf Kunstwerken der in den westlichen Küstenregionen beheimateten First Nations *(siehe S. 18f)*.

Exponat im Museum of Anthropology

8 Bill Reid Gallery

Dass die künstlerische Tradition der Stämme der Nordwestküste heute ein breiteres Publikum hat, ist auch Verdienst von Bill Reid (1920–1998), einem der größten Künstler Kanadas. Das Museum zeigt über 60 seiner Schmuckstücke sowie Werke zeitgenössischer Künstler mit indigenen Wurzeln *(siehe S. 77)*.

9 Vancouver Maritime Museum

Artefakte, Modelle, Schiffe und Fotos erzählen von Kanadas Seefahrtsgeschichte. Glanzstück ist der 32 Meter lange Schoner *St. Roch* – das Schiff war das zweite, das die Nordwestpassage durchfuhr, aber das erste, das die Strecke von West nach Ost zurücklegte *(siehe S. 84)*.

10 Vancouver Police Museum

Das Polizeimuseum bietet einen faszinierenden Einblick in die Kriminal- und Justizgeschichte von Vancouver. Zu den rund 20 000 Exponaten, die im historischen Coroner's Court ausgestellt sind, gehören konfiszierte Waffen und Falschgeld. Ausstellungen erläutern Methoden wissenschaftlicher Beweisführung. Im forensischen Labor – einst Leichenhalle der Stadt – kann man sich gut vorstellen, wie sich hier Rechtsmediziner über tote Körper beugten. Da viele Führungen für Schulklassen stattfinden, tummeln sich im Haus oft aufgeregte Kinder *(siehe S. 69)*.

Vancouver Police Museum

TOP 10 Kunst der First Nations

Bronzeskulptur *The Jade Canoe* von Bill Reid

1 *The Jade Canoe*

Karte A2 ▪ Vancouver International Airport

Die Bronze des Haida-Künstlers Bill Reid ist der zweite Guss von *The Black Canoe*. In dem sechs Meter langen Kanu sitzen 13 Figuren aus Haida-Mythen.

2 Geschnitzte Türen

Die Schnitzereien von vier Gitxsan-Künstlern an den aus Rotzeder gefertigten Toren des Museum of Anthropology schildern eine Sage aus der Skeena-River-Region. Geschlossen zeigen die Tore den Umriss einer Bugholzkiste, die bei den First Nations zur Aufbewahrung und für Bestattungen diente *(siehe S. 19)*.

3 *Hetux*

Karte A2 ▪ Vancouver International Airport

Die riesige hängende Installation aus Birkenholz und Aluminium, die Vancouvers Flughafen ziert, schuf die Künstlerin Connie Watts. Für sie verkörpern die dargestellten Tiere – Donnervogel, Kolibri, Wolf und Lachs – den ungezähmten Geist ihrer Großmutter.

4 *Chief of the Undersea World*

Karte J1 ▪ Stanley Park

Als man Bill Reids Skulptur 1984 vor dem Vancouver Aquarium *(siehe S. 13)* aufstellte, wurden dort noch Orcas gehalten. Die fünf Meter hohe Bronze ehrt diese Tiere.

5 *Thunderbird House Post*

Karte J1 ▪ Stanley Park

Der Pfahl mit dem Donnervogel über einem Grizzlybären, der einen Menschen hält, ist die Replik eines von zwei Hauspfosten, die Charlie James im frühen 20. Jahrhundert schuf – die nach 40 Jahren verwitterten Pfosten wurden restauriert und unter ein schützendes Dach gebracht. Tony Hunt schuf die Replik am Brockton Point Visitor Centre *(siehe S. 13)*.

6 ‘Ksan-Fries

Karte K3 ▪ 1025 W Georgia St (RBC Royal Bank)

Fünf Künstler schnitzten die Rabenmythen der Nordwestküste ins Rotzedernholz des Frieses. Die neun Tafeln illustrieren, wie der schelmische Rabe die Elemente schuf.

***Thunderbird House Post*, Tony Hunt**

7 Höchster frei stehender Totempfahl der Welt

Karte Q6 ▪ Beacon Hill Park, Victoria

Kwakwaka'wakw-Häuptling Mungo Martin, sein Sohn David und Henry Hunt schnitzten den Pfahl, der seit 1956 im Beacon Hill Park *(siehe S. 29)* steht, in sechs Monaten aus einer 39 Meter hohen Zeder.

8 Kwakwaka'wakw-Totempfahl

Karte P4 ▪ Thunderbird Park, Victoria

Der Pfahl im Royal BC Museum *(siehe S. 30f)*, eine moderne Interpretation traditioneller Schnitzkunst, stammt von den Kwakwaka'wakw-Künstlern Sean Whonnock und Johnathan Henderson. Er zeigt einen Donnervogel auf einem Orca.

9 Ahnenfiguren der Küsten-Salish

Karte A2 ▪ Vancouver Internat. Airport

Zwei je fünf Meter hohe »Welcome Figures« im Stil der Musqueam, die die Nordwestküstenkünstlerin Susan A. Point aus einer Rotzeder schuf, begrüßen Flugreisende in Vancouver.

Inukshuk von Alvin Kanak

Inukshuk

Karte G3 ▪ English Bay Beach

Alvin Kanaks für die Expo '86 geschaffene Granitskulptur, eine traditionelle »Welcome Figure« der Inuit in größerem Maßstab, diente als Emblem für die Winterspiele 2010.

Kunst im öffentlichen Raum

A-maze-ing Laughter, Morton Park

1 *A-maze-ing Laughter*
Karte G3 ▪ Morton Park
Yue Minjun schuf die spaßige Figurengruppe, um die sich oft Leute scharen.

2 *Photo Session*
Karte B2 ▪ Queen Elizabeth Park
Seward Johnsons Bronzefamilie ist für einen Schnappschuss bereit.

3 *The Crab*
Karte G4 ▪ 1100 Chestnut St
Der Krebs aus Edelstahl stammt von George Norris.

4 *Gate to the Pacific Northwest*
Karte G4 ▪ Vanier Park
Alan Chung Hungs Skulptur erinnert an alte Navigationsinstrumente.

5 *Digital Orca*
Karte K2 ▪ Canada Place
Douglas Coupland hat in diesem Werk das Flair des Hafens eingefangen.

6 *Salute to the Lions of Vancouver*
Karte L2 ▪ Canada Place
Gathie Falks Stahllöwen bilden eine Linie mit Lions Gate Bridge und Lions-Gipfeln.

7 *Angel of Victory*
Karte L3 ▪ 601 W Cordova St
Coeur de Lion MacCarthys Engel trägt einen Kriegsgefallenen himmelwärts.

8 *Street Light*
Karte K5 ▪ 1228 Marinaside Cres
Die Installation von Alan Tregebov und Bernie Miller wirft Schattenbilder historischer Ereignisse aufs Pflaster.

9 *Pendulum*
Karte K3 ▪ 885 W Georgia St
Das gewaltige Pendel stammt von Alan Storey.

10 *Should I Be Worried?*
Karte L5 ▪ False Creek
Justin Langlois' Leuchtreklame zielt auf einen Dialog zum Thema Nachhaltigkeit.

TOP 10 Wellness

Eingang zum Silk Road Spa in Victoria

1 Silk Road Spa

Karte P1 ■ 1624 Government St, Victoria ■ +1-250-382-0006

Das biologische Spa setzt – chinesisch inspiriert – auf Tee und Entspannung. Einige Anwendungen nutzen die Antioxidantien grünen Tees.

2 Grotto Spa

Karte C4 ■ Tigh-Na-Mara Seaside Spa Resort, 1155 Resort Dr, Parksville ■ +1-250-248-1838

Das größte Spa-Resort in British Columbia bietet Blick auf den Strand und eine Vielzahl an Anwendungen, auch Paarmassagen. Beliebt sind Gesichts- und Körperbehandlungen mit Gletscherlehm, Meersalz und Seetang.

Pool im Grotto Spa

3 Spa at Four Seasons Resort Whistler

Karte F1 ■ 4591 Blackcomb Way, Whistler ■ +1-604-935-3400

Nachdem Eukalyptusdampfbäder für Entspannung gesorgt haben, können kanadischer Ahornsirup und Seetang ihre Wirkung entfalten.

4 Vida

Fairmont Chateau Whistler ***(siehe S. 34)*** **■ +1-604-938-2086**

Hier bestimmen Experten anhand alter Ayurveda-Methoden die Verteilung der *doshas* (Lebensenergien) im Körper, bevor diese durch Bürsten, Dampfbäder und Massagen ins Gleichgewicht gebracht werden.

5 Wedgewood Spa

Wedgewood Hotel ***(siehe S. 116)*** **■ +1-604-608-5340**

Spezialität dieses Spas ist die Antistressbehandlung Signature Thai Fusion Massage mit eigens ausgewählten Aromaölen. Sehr beliebt ist die straffende Zimt-Gesichtsmaske.

6 Spa Utopia

Karte K2 ■ Pan Pacific Vancouver, Canada Place ■ +1-604-689-7700

Die beliebte Gesichtsbehandlung mit heißen Steinen nach japanischer Art belebt die Sinne, Ganzkörperwickel mit kanadischem Moorschlamm entgiften und sorgen für Wohlgefühl.

7 Absolute Spa

Fairmont Hotel Vancouver *(siehe S. 76)* ■ **+1-604-684-2772**

In dem preisgekrönten Spa wird luxuriös entspannt: bei hawaiianischer Kokosnuss-Lomi-Lomi-Massage, der Hautreinigung mit italienischem Mandarinenöl oder einer verjüngenden Sauerstoff-Gesichtsbehandlung. Dazu gibt es Tee und feine Speisen.

8 Willow Stream Spa

Fairmont Empress *(siehe S. 119)* ■ **+1-250-995-4650**

Das Spa des Hotels steht diesem in Sachen Romantik kaum nach. Die Behandlung Coastal Mountain Retreat beinhaltet ein Körperpeeling mit ätherischen Ölen aus Zypresse, Zedernholz und Muskatellersalbei.

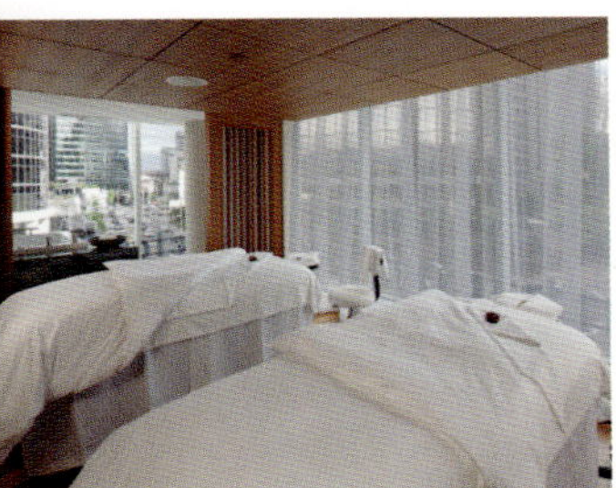

Willow Stream Spa

9 skoah

Karte J5 ■ 1007 Hamilton St ■ +1-604-642-0200

Der Fokus des luxuriösen Spas liegt auf der Hautpflege – die Pflanzentinkturen für die gefragten individuellen »Facialiscious«-Behandlungen kreiert der hauseigene Apotheker.

10 Scandinave Spa Whistler

Karte F1 ■ 8010 Mons Rd, Whistler ■ +1-604-935-2424

In der schönen Oase der Ruhe konzentriert man sich auf Hydrotherapie und setzt Körpergiften z. B. im Eukalyptus-Dampfbad und der mit Holz befeuerten Sauna zu, bevor sie ein kaltes Tauchbad gänzlich austreibt.

Spa-Anwendungen

Heiße Steine für die Entspannung

1 Hot-Stone-Massage
Basaltsteine aus der Region werden erwärmt und auf den Körper gelegt, um Stress zu lösen und Energien zu stärken.

2 Seetangwickel
Lehmumschläge mit Blasentang versorgen den Körper mit Mineralien. Mit heißen Handtüchern abgerieben, ist die Haut danach ganz zart.

3 Pflanzenextrakt-Gesichtsmaske
Cremes, bei denen Gurken und andere Pflanzen z. B. mit Ginkgo- oder Johanniskrautextrakt verarbeitet werden, lassen die Haut strahlen.

4 Paarmassage
Bei der gemeinsamen Behandlung durch zwei Masseure können Paare Seite an Seite entspannen.

5 Loofah-Körperpeeling
Fein zerriebene Luffaschwämme – mit ätherischen Ölen vermischt und sorgfältig einmassiert – fördern die Durchblutung der Haut.

6 Ayurveda-Dampfbad
Der aromatisierte Dampf in der Zedernholzkabine wirkt entgiftend.

7 Aromatherapie
Duftende Öle – häufig Lavendel, Zeder oder Kiefer – werden gemäß ihrer Wirkung auf Körper und Psyche gemischt.

8 Bräunungsdusche
Feuchtigkeitsspendende Sprays sorgen für gleichmäßige Bräune und pflegen.

9 Therapeutische Massage
Eine Kombination aus kräftigem Druck und sanften Strichen beruhigt und verleiht Energie.

10 Lomi Lomi
Diese traditionelle hawaiianische Ganzkörpermassage sorgt mit wellenartig fließenden Strichen für Entspannung.

TOP 10 Strände & Buchten

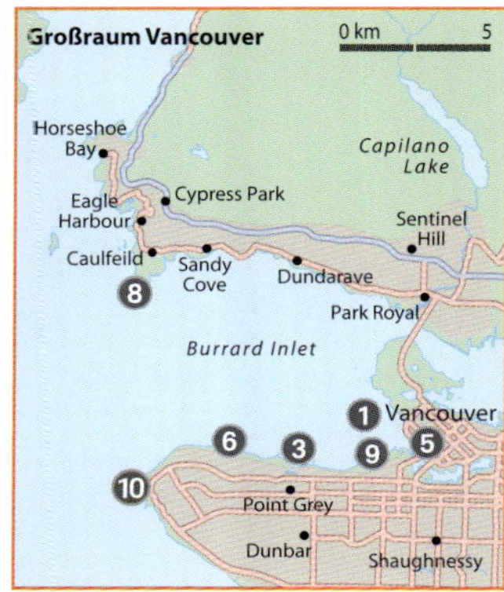

1 English Bay

Beim »Eisbärenschwimmen« an Neujahr stürzen sich hier Tausende tapfer in die eisigen Fluten. Der Uferdamm, der entlang der schönen Bucht in den Stanley Park führt, lockt das ganze Jahr über Leute an. Gestärkt mit Koffein oder Eis, das die Cafés in Davie und Denman Street anbieten, kann man hier prima spazieren gehen *(siehe S. 13)*.

2 Rathtrevor Beach Provincial Park

Karte C4

An dem sieben Kilometer langen, gut erreichbaren Strand in Parksville kann man im wärmsten Meerwasser der Gegend schwimmen, Muscheln suchen, Sandburgen bauen, paddeln oder anderen Wassersport treiben.

3 Jericho Beach

Karte A1 ■ Windsure Adventure Watersports: +1-604-224-0615

Nach einem Tag an dem familienfreundlichen Strand, wo gern geplanscht und gepicknickt wird, kann man sich dank Außenduschen und Umkleidekabinen wieder stadtfein machen. Windsurfer genießen die Pazifikbrisen – Boards und Kurse gibt es bei Windsure.

4 Long Beach

An der Westküste von Vancouver Island stößt man zwischen Tofino und Ucluelet auf diesen Strand, der auch an wolkigen Tagen reizvoll ist. Im Sommer laden Abgeschiedenheit und Ruhe zu ausgedehnten Spaziergängen ein; im Winter kommen Naturbegeisterte, um die Pazifikbrandung zu bestaunen, die hier kraftvoll ans Land schlägt *(siehe S. 32)*.

Sunset Beach

5 Sunset Beach

Der relativ ruhige Strand an der Mündung des False Creek bietet tolle Möglichkeiten zum Schwimmen und zum Sonnenbaden und ist von Downtown nicht weit. Von den Parkbänken und Cafés, die das Ufer säumen, hat man guten Blick auf das Treiben und – wie es der Name verspricht – auf traumhafte Sonnenuntergänge *(siehe S. 83)*.

6 Spanish Banks Beach

Karte A2

Vancouvers längster Sandstrand ist dreigeteilt: Spanish Bank East, Spanish Bank West und Spanish Bank Extension. Bei Ebbe zieht sich das Wasser hier bis zu einen Kilometer weit zurück. Das lockt Spaziergänger, Radfahrer, Picknicker und Familien mit kleinen Kindern an.

7 Qualicum Beach

Karte C4

Der schöne Sandstrand und das gleichnamige, sehr britisch wirkende Dorf begeistern Strandwanderer und Kajakfahrer. Hier kann man herrliche Sonnenuntergänge erleben.

Strand von Long Beach

8 Lighthouse Park

Ein Spazierweg führt von Parkplatz und Bushaltestelle durch den 500 Jahre alten Wald von West Vancouver zum felsigen Ufer und zum Point Atkinson Lighthouse von 1912, wo man herrlichen Ausblick genießt. Vom Aussichtspunkt Eagle Point an der Ostseite des Kliffs sieht man über den Burrard Inlet bis nach Vancouver *(siehe S. 104)*.

Point Atkinson Lighthouse

9 Kitsilano Beach & Park

Karte B2 ■ Kitsilano Pool: 2305 Cornwall Ave; +1-604-731-0011

Vom »Kits Park« führt ein von Bäumen gesäumter Weg zum Strand, an dem sich Beachvolleyballer und andere Sonnenhungrige tummeln. Dort liegt auch der Kitsilano Pool, ein großes beheiztes Schwimmbecken.

10 Wreck Beach

Karte A4

Der Strand ist über einen Weg vom SW Marine Drive am UBC-Campus *(siehe S. 103)* erreichbar – der Rückweg bergauf ist ein wenig anstrengend. Der Blick über die Strait of Georgia nach Vancouver Island ist großartig. Am Wreck Beach ist FKK erlaubt, allerdings gibt es hier wohl meist auch Spanner.

TOP 10 Parks & Gärten

1 Pacific Spirit Regional Park

Der große Park mit Kiefernwäldern, Birken, Erlen und Pappeln liegt auf einer Halbinsel im Westen von Vancouver. Ein ausgedehntes Wegenetz führt von Point Grey bis zur University of British Columbia. Es gibt hier Strände und Klippen, von denen man über den breiten Strand Spanish Banks blickt, sowie das Sumpfgebiet Camosun Bog *(siehe S. 104)*.

2 Bloedel Conservatory

Karte B2 ■ Queen Elizabeth Park, Ecke W 33rd Ave ■ +1-604-257-8584

In Kanadas erstem geodätischen Gewächshaus wachsen über 500 Arten von Wüsten-, Subtropen- und Tropenpflanzen. Umherfliegende Vögel verstärken das exotische Flair.

3 Butchart Gardens

1904 begann Jenny Butchart am Stadtrand von Victoria fünf bezaubernde Gärten anzulegen, um den von ihrem Gatten abgebauten Kalksteinbruch zu verschönern. Zunächst entstand der Japanese Garden, anschließend der Sunken Garden. Jedes Jahr blühen in den Beeten etwa eine Million Pflanzen aus 700 Arten *(siehe S. 94)*.

Frühlingsblumen im Beacon Hill Park

4 Beacon Hill Park

Karte Q6 ■ Cook Street, Victoria

Der 1858 angelegte Park ist Victorias schönster. Er birgt Holzbrückchen, einen Streichelzoo und einen Rosengarten im englischen Stil, man kann hier spazieren gehen, reiten und am Strand picknicken *(siehe S. 29)*.

5 Dr. Sun Yat-Sen Classical Chinese Garden

Das kleine Juwel in Chinatown verströmt die Ruhe eines Gartens der Ming-Dynastie *(siehe S. 70)*.

Bäume und blühende Büsche sorgen in den Butchart Gardens für Farbe

6 David Lam Park

Karte J5

Der hügelige Park in Yaletown bietet große Wiesen, viele ruhige Ecken zum Sitzen und Entspannen, aber auch Spiel- und Sportplätze.

7 Queen Elizabeth Park

Der Park im Zentrum von Vancouver war einst ein Steinbruch – der Quarry Garden bildet den Mittelpunkt der hübschen Anlage. Ein kleiner Rosengarten sorgt für ganzjährige Blütenpracht *(siehe S. 104)*.

8 Stanley Park

In dem großen Park dominieren Zedern, Fichten und Hemlocktannen, doch auch Kirschbäume, Rosen, Rhododendren, Magnolien und Hartriegel gedeihen hier. Zusätzliche Farbe rund ums Jahr bringen die rund 350 000 Blumen ein *(siehe S. 12f)*.

Kanadagänse auf dem See, Vanier Park

9 Vanier Park

Der weitgehend baumlose Park bei Granville Island ist nach Georges P. Vanier, 1959 bis 1967 Generalgouverneur von Kanada, benannt. Die English Bay dient als Kulisse *(siehe S. 85)*.

10 VanDusen Botanical Garden

Die Vielfalt an Blumen, Sträuchern und Bäumen ist in Vancouver unerreicht. Über 7500 Arten von sechs Kontinenten gedeihen im Wechsel der Jahreszeiten inmitten der Wiesen und Teiche *(siehe S. 104)*.

Bäume in British Columbia

Bemooster Douglasienstamm

1 Douglasie
Die Wirtschaft British Columbias basierte einst auf dem Holz dieses imposanten, bis zu 90 Meter hohen Baums.

2 Gelbzeder / Nootka-Scheinzypresse
Das weiche Holz des Baums, der in kühleren Höhen wächst, eignet sich perfekt für die Schnitzkunst der First Nations.

3 Rotzeder / Riesen-Lebensbaum
Der bis an die 70 Meter hohe Baum besitzt schuppenartige dunkle, duftende Nadeln.

4 Hemlocktanne
Den an der Westküste häufigsten Baum erkennt man leicht an seinen hängenden obersten Zweigen.

5 Sitka-Fichte
Ein imposantes Exemplar dieser Art steht auf Vancouver Island: Der 95 Meter hohe Carmanah Giant gilt als höchster Baum Kanadas.

6 Erdbeerbaum
Der Baum mit der abblätternden rotbraunen Rinde ist der einzige in Kanada heimische immergrüne Laubbaum.

7 Kiefer
Die geraden Küsten- und Gelb-Kiefern wachsen in höheren Lagen.

8 Hartriegel
Der kleine Laubbaum trägt im Frühjahr weiße oder rosarote Blüten – eine weiße ziert das Wappen von British Columbia.

9 Japanische Blütenkirsche
An den Straßen Vancouvers stehen über 40 000 dieser hübsch blühenden Bäume; viele kamen als Geschenk aus Japan.

10 Ahorn
Kanadas Nationalbaum wächst in der Region als Kahler Ahorn, Weinblatt- und Oregon-Ahorn, aus dem die First Nations bevorzugt Kanupaddel schnitzen.

TOP 10 Kinder

Das Vancouver Aquarium im Stanley Park fasziniert jeden Besucher

1 Vancouver Aquarium

In den naturgetreu gestalteten Habitaten des größten Aquariums in Kanada leben Otter, Pinguine sowie Tropenfische und viele andere Meerestiere. Das Personal beantwortet Kinderfragen. Wer will, kann bei den Seelöwen übernachten *(siehe S. 13)*.

2 H. R. MacMillan Space Centre

Kinder können hier Mondgestein berühren, aufregende Laser- und Sternenshows bestaunen, sich in einen Alien verwandeln oder in einem Raketensimulator auf Weltraumfahrt gehen *(siehe S. 84)*.

H. R. MacMillan Space Centre

3 OMNIMAX® Theatre

Bei Filmen auf der gewaltigen, fünf Stockwerke hohen Leinwand des Kinos in der Science World fühlt man sich wie mitten im Geschehen *(siehe S. 27)*.

4 Science World

Die interaktiven Exponate machen Wissenschaft spielerisch begreifbar und halten Kinder an Regentagen bei Laune. Eltern freut oft zudem, dass das Haus gesunde Imbissoptionen bietet *(siehe S. 26f)*.

5 Stanley Park

Für Spaß sorgt die 15-minütige Tour mit der Miniaturbahn durch den Wald, an Ostern, Halloween und Weihnachten werden die Züge dekoriert. Auf dem Pitch & Putt Course können Kinder Golf spielen und am Second Beach warten Strandvergnügen, ein Schwimmbecken und ein Spielplatz *(siehe S. 12f)*.

6 Grouse Mountain

Am Grouse Mountain kann man nicht nur Snowboard und Ski fahren, man kann auch wandern, Zipline fahren, Gleitschirm fliegen sowie Ökotouren und Seilbahnfahrten unternehmen. Im Refuge for Endangered Wildlife sind Grizzlybären, Eulen und Falken zu sehen und es gibt auch eine unterhaltsame Holzfällershow *(siehe S. 101)*.

7 Granville Island Water Park

Karte H5/H6 ▪ 1318 Cartwright St ▪ +1-604-257-8195 ▪ Mitte Mai – Anfang Sep: Sa, So & Feiertage 10 – 18 Uhr (Juli & Aug tägl.) ▪ Eintritt frei ▪ www.falsecreekcc.ca/waterpark.htm

Der Wasserpark bietet Spaß und Erfrischung. Kinder können Rutschen hinabsausen, sich bespritzen lassen und mit Wasserkanonen schießen. Umkleidekabinen gibt es nebenan im False Creek Community Centre.

8 Capilano Suspension Bridge Park

Wer sich über die schwankende Hängebrücke traut, kann über die Plankenwege von Treetops Adventure bis in die Baumwipfel gelangen *(siehe S. 16f)*.

9 Playland at the PNE

Karte B2 ▪ 2901 E Hastings St ▪ +1-604-253-2311 ▪ Mai & Sep: Sa & So 10 – 17 Uhr; Juni – Aug: tägl. 10 – 18 Uhr (Juli: Sa & So bis 19 Uhr) ▪ Eintritt ▪ www.pne.ca/playland

Highlights des Kinderparks für alle Altersstufen sind die hölzerne Achterbahn und eine Kletterwand. Während der Pacific National Exhibition in der zweiten Augusthälfte gibt es zusätzliche Attraktionen wie Stockcar- und Monstertruck-Rennen.

Melkübungen auf der Maplewood Farm

10 Maplewood Farm

Karte C1 ▪ 405 Seymour River Pl ▪ +1-604-929-5610 ▪ Di – So 10 – 16 Uhr (Apr – Okt tägl.) ▪ Eintritt ▪ www.maplewoodfarm.bc.ca

Auf der Farm darf man Kaninchen füttern und Kühe melken. Es gibt auch eine Voliere und ein Treibhaus.

Familienfreundliche Restaurants

Eingang zur Old Spaghetti Factory

1 The Old Spaghetti Factory
53 Water St ▪ +1-604-684-1288
In dem historischen Lagerhaus gibt es Pasta und mehr Italienisches.

2 Pizzeria Ludica
189 Keefer Pl ▪ +1-604-669-5552
Vor oder nach einer köstlichen Pizza stehen über 700 Brettspiele zur Auswahl.

3 Sophie's Cosmic Café
2095 W 4th Ave ▪ +1-604-732-6810
In witzigem 1950er-Jahre-Diner-Dekor gibt's große Portionen Hausmannskost.

4 Rocky Mountain Flatbread Co.
1876 W 1st Ave ▪ +1-604-730-0321
Kinder freuen sich hier über den Spielbereich, die Eltern über den guten Wein und die Bio-Pizza ist für alle was.

5 Café Deux Soleils
2096 Commercial Dr ▪ +1-604-254-1195
Junge Familien gehen gern in das vegetarische Lokal mit Spielbereich.

6 Go Fish
1505 W 1st Ave ▪ +1-604-730-5040
Nirgendwo in der Stadt schmecken Fish and Chips besser als hier!

7 Aphrodite's
3605 W 4th Ave ▪ +1-604-733-8308
Das Bio-Café versorgt Familien mit Frühstück, Hochstühlen und Malkreide.

8 Burgoo
4434 W 10th Ave ▪ +1-604-221-7839
Kinder wählen in dem netten Bistro ihr Lieblingsessen aus einer eigenen Karte.

9 Sal y Limón
701 Kingsway ▪ +1-604-677-4247
Ein mexikanisches Café in East Vancouver mit Spielbereich für die Kleinen.

10 White Spot
405 Dunsmuir St ▪ 1-604-899-4581
Neben klassischen Burgern und Pommes gibt es hier auch gesündere Kost.

TOP 10 Veranstaltungsbühnen

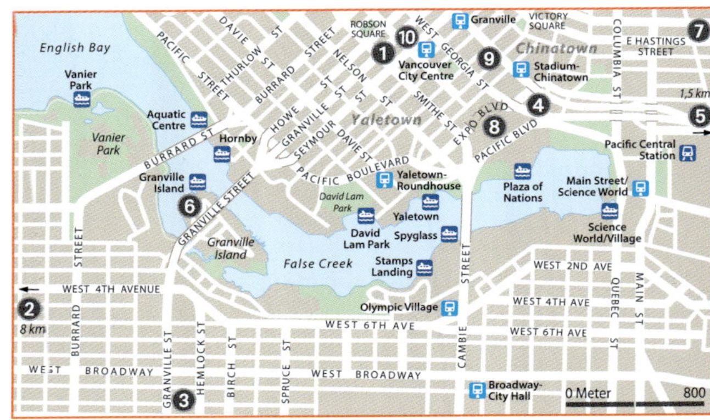

1 The Orpheum

Karte K4 ▪ 601 Smithe St ▪ +1-604-665-3035 ▪ www.vancouvercivictheatres.com

Der Vaudeville-Palast von 1926, wo Yvonne De Carlo als Platzanweiserin arbeitete, erstrahlt wieder in alter Pracht. Von der guten Akustik profitieren das Vancouver Symphony Orchestra, Chöre, Rockshows und andere musikalische Darbietungen.

Chan Shun Concert Hall

2 Chan Centre for the Performing Arts

Karte A2 ▪ UBC, 6265 Crescent Rd ▪ +1-604-822-9197 ▪ www.chancentre.com

Das markante zylindrische Gebäude birgt drei verschiedene Säle: Neben einer Bühne für experimentelles Theater und einem Kino garantiert die Chan Shun Concert Hall mit einer variablen Deckenkonstruktion bei Konzerten exzellente Akustik für bis zu 1200 Besucher.

3 Stanley Industrial Alliance Stage

Karte B2 ▪ 2750 Granville St ▪ +1-604-687-1644 ▪ www.artsclub.com

Das Lichtspielhaus aus den 1930ern wurde in den 1990er Jahren schön restauriert. Die Arts Club Theatre Company bringt hier Dramen, Komödien und Musicals auf die Bühne.

4 Rogers Arena

Karte L4 ▪ 800 Griffiths Way ▪ +1-604-899-7400 ▪ www.rogersarena.com

In dem riesigen Stadion, Heimat des Profi-Eishockeyteams Vancouver Canucks und einer der beliebtesten Veranstaltungsorte in Nordamerika, finden regelmäßig Konzerte und andere Events statt.

5 The Cultch

Karte B2 ▪ 1895 Venables St ▪ +1-604-251-1363 ▪ www.thecultch.com

Hier wurde eine 1909 erbaute Methodistenkirche renoviert und mit einer Bühne ausgestattet, um Tanz, Theater und Musik aus Kanada und der ganzen Welt zu präsentieren.

The Cultch – auch als Vancouver East Cultural Centre bekannt – zählt zu Kanadas ersten Kulturzentren mit dem Zertifikat »Leadership in Energy and Environmental Design« (LEED).

6 Granville Island Stage

Karte H5 ▪ 1585 Johnston St ▪ +1-604-687-1644 ▪ www.artsclub.com

Die Inszenierungen, die die Arts Club Theatre Company *(siehe S. 65)* hier vor bis zu 440 Zuschauern präsentiert, beschreiten unkonventionelle Wege. Auf dem Programm stehen klassische und neue Komödien, Dramen und auch Musicals.

7 Firehall Arts Centre

Karte M3 ▪ 280 E Cordova St ▪ +1-604-689-0926 ▪ www.firehall artscentre.ca

Die Feuerwache von 1906 ist heute ein innovatives Gastown-Theater mit 175 Plätzen. Die modernen Stücke – oft aus der Feder einheimischer Autoren – zeigen kulturelle Vielfalt. Zum Haus gehören eine Freilichtbühne und eine gemütliche Lounge.

8 BC Place Stadium

Karte L4/L5 ▪ 777 Pacific Blvd ▪ +1-604-669-2300 ▪ www.bcplace.com

In der Arena mit dem größten Seilzug-Schiebedach der Welt tragen die Footballer BC Lions ihre Heimspiele aus, zudem finden in dem Stadion große Konzerte und Messen statt.

Konzert im Queen Elizabeth Theatre

9 Queen Elizabeth Theatre & Vancouver Playhouse

Karte L4 ▪ 630 Hamilton St ▪ +1-604-665-3050 ▪ www.vancouvercivic theatres.com

Das Queen Elizabeth Theatre aus den 1960er Jahren ist Sitz von Vancouver Opera Company und Ballet BC *(siehe S. 65)*, hier treten aber auch Gastkünstler auf. Im benachbarten Vancouver Playhouse sind Tanz-, und Musikdarbietungen zu sehen.

10 Commodore Ballroom

Auf der Bühne des 1929 eröffneten Musikclubs spielten schon Sammy Davis Jr., The Police, U2 und Katy Perry, aber auch kanadische Musiker und bekannte Vertreter der Weltmusik *(siehe S. 79)*.

Hell erleuchtetes BC Place Stadium

TOP 10 LGBTQ+ in Vancouver

Terrasse des Score on Davie

1 Fountainhead Pub

Karte J4 ■ 1025 Davie St ■ +1-604-687-2222

Die nette Kneipe ist ein guter erster Anlaufpunkt in Davie Village – Essen und Bierauswahl sind exzellent; dazu gibt es Sportübertragungen.

2 Celebrities

Karte H4 ■ 1022 Davie St ■ +1-604-681-6180 ■ Mo, Mi, Do, So geschl.

Spitzensound, eine tolle Lightshow und die besten DJs Vancouvers locken eine bunte Gästeschar – homo-, hetero- und bisexuell bzw. unentschlossen – in den Club. Wer sich online anmeldet, umgeht die Warteschlange *(siehe S. 79)*.

Tänzer im Celebrities

3 Score on Davie

Karte H3 ■ 1262 Davie St ■ +1-604-632-1646

In der freundlichen Sportsbar mit großartiger Terrasse gibt es bis 14 Uhr Brunch – zu den großen Portionen von Gebratenem passt ein köstlicher Caesars (ähnlich einer Bloody Mary). Auch die Auswahl an Craft- und Lagerbieren ist hervorragend. Für zusätzliche Unterhaltung sorgen Sportevents und Mottopartys.

4 Pumpjack Pub

Karte H3 ■ 1167 Davie St ■ +1-604-685-3417

Das wohl beliebteste LGBTQ+ Pub in Village bietet abendliche Unterhaltung, viele Gäste kommen in Lederbekleidung hierher. Die Getränke sind relativ günstig, das Publikum hat seinen Spaß.

5 Delany's Coffee House

Karte H2 ■ 1105 Denman St ■ +1-604-662-3344

Vancouvers vielleicht bestes Café zum Sehen und Gesehenwerden verfügt über eine Terrasse, die sehr viel Platz bietet.

6 Little Sister's Book & Art Emporium

Karte H3 ■ 1238 Davie St ■ +1-604-669-1753

Der Buchladen – Fixpunkt und renommierter Treff der LGBTQ+ Szene – setzte sich im Kampf gegen die Zensur mit dem kanadischen Zoll auseinander und ging dabei bis vor den Obersten Gerichtshof. Neben Literatur gibt es bei Little Sister's auch Veranstaltungstickets, DVDs, Geschenkartikel und sogar Klamotten.

Sonnenhungrige am Wreck Beach

7 Sunset Beach & Wreck Beach

Diese beiden Strände sind die Favoriten der LGBTQ+ Community in Vancouver. Ein paar Blocks südwestlich der Davie Street lockt der Sunset Beach *(siehe S. 83)* Sonnenhungrige, Läufer und Radler an. Im Sommer tummeln sich Beachvolleyballer, denen man mit einem Kaffee in der Hand entspannt zusehen kann. Unterhalb der Klippen von Point Grey liegt der Nacktbadestrand Wreck Beach, der nur über steile Pfade zu erreichen ist. Straßenhändler verkaufen im Sommer Erfrischungen und Nützliches wie Sonnencreme.

8 Davie Village

Karte H3

Vancouvers LGBTQ+ Viertel mit seinen pinkfarbenen Bushäuschen und Abfalleimern erstreckt sich im West End zwischen Burrard Street und Jervis Street. Hier finden sich das Schwulenzentrum Qmunity (1170 Bute St), das Beratung anbietet, zahllose Läden (auch Sexshops), nette Cafés, einschlägige Clubs, trendige Bars und eine bunte Vielfalt an Restaurants.

9 1181

Karte J3 ■ 1181 Davie St ■ +1-236-513-1181

In der stilvoll modernen Lounge-Bar sorgen gemütliche Sofas und viele kleine Lichter für nette Atmosphäre. Freundliche Barkeeper versorgen die Gäste mit einer großen Auswahl an Cocktails.

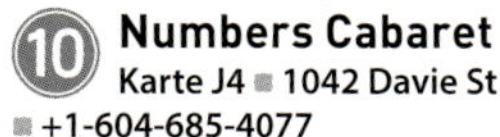

10 Numbers Cabaret

Karte J4 ■ 1042 Davie St ■ +1-604-685-4077

Gäste aller Couleur bevölkern den zwanglosen LGBTQ+ Club, der mit Sound auf fünf Tanzflächen, einer Karaokebox, Dart und Billard Unterhaltung für jeden verspricht. Für zusätzlichen Spaß sorgen regelmäßige Dragshows und Kabarettabende. Wechselnde Getränke-Specials reichen von Bier in großen Krügen bis zu schicken Cocktails.

TOP 10 Bars & Clubs

Dunkles Holz und blanke Ziegel bestimmen das Interieur in The Diamond

1 The Diamond

Hohe Decken und sanfte Beleuchtung sorgen in diesem Bar-Restaurant im hippen Gastown für stilvolles Flair. Das Lokal ist bekannt für tolle, besonders liebevoll zubereitete Cocktails und für exzellentes Sushi. Von Sonntag bis Donnerstag legen DJs ihre feinsten Platten auf *(siehe S. 72)*.

2 The Irish Heather

Das einladende, authentisch irische Pub serviert gute Kneipenkost in zwanglosem Ambiente. Für die wahrhaft sensationelle Whiskey-Auswahl – gut 100 Sorten von Single Malt über Bourbon bis Rye und Scotch – sorgt das hier ansässige Shebeen Whiskey House *(siehe S. 72)*.

Fassade des Irish Heather Shebeen

3 Lift Bar & Grill

Zum Feierabend zieht es viele auf einen Cocktail oder Whiskey in diese Bar am Wasser. Genießen Sie die herrliche Aussicht auf das Wasser, den Stanley Park und North Shore. Bei niedrigen Temperaturen sind die Außenbereiche gut beheizt. Happy Hour ist täglich von 15 bis 18 Uhr *(siehe S. 79)*.

4 Botanist

Die schicke, moderne Bar im Fairmont Pacific Rim Hotel serviert kreative Cocktails wie den Pacific Mist, der aus Gin, Earl Grey Tea, Honig und Eiweiß zubereitet wird. Genießen Sie dazu Snacks wie gewählten Cocktail mit Krabbengerichten oder Eggs Benedict *(siehe S. 79)*.

5 The Bimini

Karte A2 ■ 2010 W 4th Ave ■ +1-604-733-7116

Modern interpretierte Kneipenkost und Craft Beer aus der Region sind in der schon lange beliebten Bar in Kitsilano zu genießen. Unterhaltung bieten die Tanzfläche, die Livebühne, Sportübertragungen auf Leinwand, Billard und Spielautomaten.

6 The Keefer Bar

Die schicke Cocktailbar mit Terrasse und ausgefallenem Dekor in Chinatown ist der perfekte Ort für einen entspannten Drink. Die sind hier asiatisch inspiriert, tragen medizinisch anmutende Namen und passen prima zu späten Snacks wie Dim Sum. Musik – ein Mix aus Soul, Funk und Hip-Hop – wird mitunter live geboten *(siehe S. 72)*.

7 Commodore Ballroom

Der 1926 eröffnete Musikclub hat schon viel erlebt. Er lockt heute nicht nur mit großartigen Liveacts *(siehe S. 53)*, die den Schwingboden des Saals ordentlich zum Federn bringen, sondern veranstaltet auch beliebte Club- und Partynächte mit der neuesten Musik *(siehe S. 79)*.

Vor dem berühmten Club Roxy

9 The Roxy

Eine echte Institution in Vancouver ist dieser Club, in dem bekannte Bands aus der Region und aus ganz Kanada auftreten und den die Spieler der Vancouver Canucks gern besuchen. Da die Schlangen nach 21 Uhr immer länger werden, sollte man besser etwas früher da sein *(siehe S. 79)*.

8 Guilt & Co.

Er ist leicht zu übersehen, der Kellerclub in Gastown (unter dem LOCAL), der abendlich Livemusik bietet. Die Cocktails sind toll, das Whiskeysortiment groß, aber: Der Laden ist schnell voll, und man kommt dann erst rein, wenn ein anderer Gast rauskommt, also empfiehlt sich frühes Erscheinen oder viel Geduld *(siehe S. 72)*.

Bier von Granville Island Brewing

10 Granville Island Brewing

Die Schankbar der Brauerei, die den Craft-Beer-Boom in Vancouver ausgelöst hat, versorgt Gäste mit hervorragendem, nur aus natürlichen Zutaten hausgebrautem Bier, mit Westküstenflair und mit köstlichem Essen, für das ausschließlich regionale Erzeugnisse zum Einsatz kommen *(siehe S. 25)*.

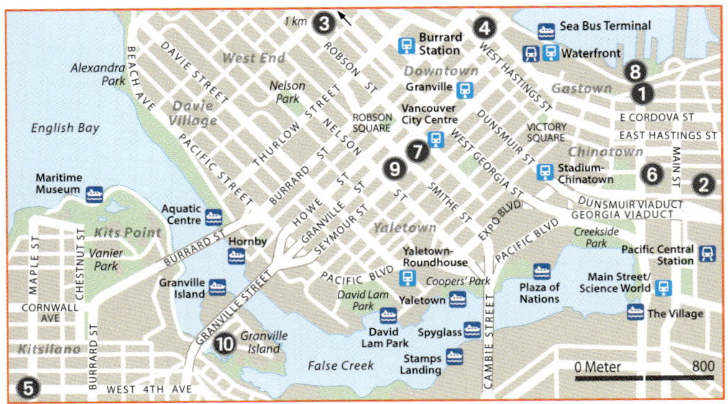

TOP 10 Restaurants

Blue Water Café

1 Blue Water Café

In dem rund 100 Jahre alten Lagerhaus aus Ziegeln und Holz wird großartiges Seafood serviert. Die Einrichtung ist modern, die Atmosphäre freundlich. Aus der Küche kommen Leckerbissen wie Kohlenfisch in Soja-Ingwer-Brühe u. Ä. Die Raw Bar ist Domäne eines echten Sushi-Meisters *(siehe S. 89)*.

2 Miku

Spezialität des eleganten japanischen Restaurants mit Bar ist *Aburi*, eine Sushi-Art, bei der die Haut des Fischs kurz mit der Flamme geröstet wird.

Hübsch angerichtetes Essen im Chambar

Andere Gerichte von der innovativen Karte kombinieren traditionelle japanische Aromen und Techniken mit Westküstenelementen. Der Fisch stammt durchweg aus nachhaltigem Fang nach den Richtlinien des Ocean Wise Seafood Program *(siehe S. 73)*.

3 Tacofino

Nach den bescheidenen Anfängen als Foodtruck in Tofino hat sich das Unternehmen zu Vancouvers angesagtestem Taco-Lokal mit mehreren Filialen gemausert. Zu den großzügig gefüllten mexikanischen Teigrollen und -taschen kann man auf der sonnigen Terrasse in Gastown Craft Beer und Margaritas genießen. Es gibt auch Happy Hours *(siehe S. 73)*.

4 Chambar

Das angesagte und entsprechend gut besuchte belgische Restaurant in Crosstown ist bei allem Erfolg bodenständig geblieben. Klassiker wie *moules frites* sind exzellent, besonders zu empfehlen ist die Variante *moules congolaise*, bei der die Muscheln in einer Sauce aus Tomaten, Kokosmilch, Chili und Limettensaft gekocht werden *(siehe S. 73)*.

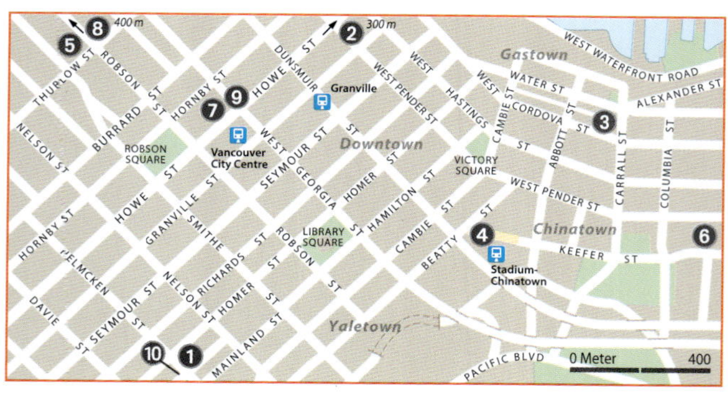

CinCin Ristorante & Bar

5 CinCin Ristorante & Bar

Auf der Karte des Restaurants mit italienischem Flair stehen auch Gerichte aus dem Holzofen – für Gäste mit etwas Muße empfiehlt sich das unglaublich zarte, 25 Minuten unter einem Ziegel gegarte Freilandhühnchen. Dazu stehen rund 1000 Weine zur Wahl *(siehe S. 81)*.

6 Bao Bei

Genüsse wie Lammlende und himmlische Dumplings locken ganze Scharen in dieses chinesische Lokal. Da nicht reserviert wird, ist frühes Erscheinen ratsam. Für angemeldete Gruppen von acht bis zwölf Leuten wird am großen Tisch ein Degustationsmenü serviert *(siehe S. 73)*.

7 Diva at the Met

Ein modernes, geräumiges Restaurant mit typischen Gerichten der Region wie Stör mit Jakobsmuscheln und Dill oder Pappardelle mit gegrillter Entenbrust. Der Brunch hier ist auch großartig *(siehe S. 81)*.

8 Forage

Wenn Sie auf der Suche nach einer gesunden, herzhaften Mahlzeit sind, ist Forage genau der richtige Ort. Das ungezwungene Restaurant bietet kreative Gerichte mit Fokus auf regionalen, biologischen und nachhaltig produzierten Zutaten. Bestellen Sie ein Menü oder probieren Sie den Brunch *(siehe S. 81)*.

9 Hawksworth

Das edle Restaurant im Rosewood Hotel Georgia wurde schon mit vielen Preisen ausgezeichnet. Wenn Star-Küchenchef David Hawksworth Köstlichkeiten wie *foie gras*, Lammbraten oder Rib-Eye-Steak kreiert, erfreut das Gaumen und Auge gleichermaßen *(siehe S. 81)*.

Hawksworth

10 Cioppino's Mediterranean Grill

Aus frischem Gemüse und leichten Saucen kreiert man hier tolle gesunde, italienisch inspirierte Gerichte. Gut ist aber auch die saftige in Rotwein geschmorte Querrippe vom Rind. Eine exzellente Weinkarte rundet den Genuss ab *(siehe S. 89)*.

Preiskategorien siehe S. 73

TOP 10 Shopping

Shoppingmall Metropolis at Metrotown

1 Metropolis at Metrotown

Karte C2 ■ 4700 Kingsway, Burnaby ■ +1-604-438-4715

Die größte Shoppingmall in British Columbia lockt täglich Scharen von Einkaufswilligen an. Zu den mehr als 400 Läden gehören auch Filialen der Kaufhauskette Hudson's Bay und der Supermarktkette Real Canadian Superstore. Kinos und Spielarkaden unterhalten all die Besucher, die nicht so viel vom Shoppen halten.

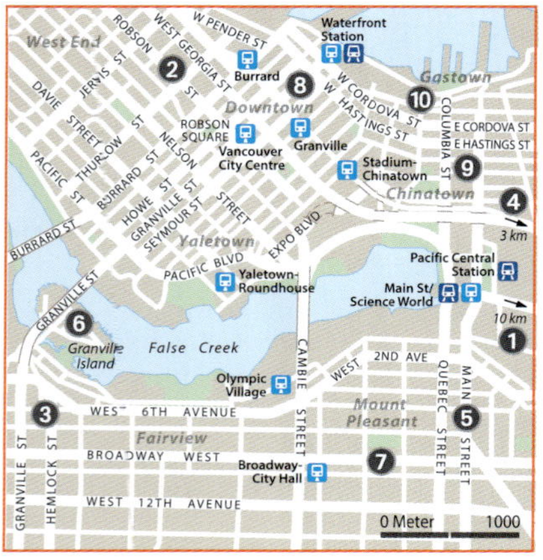

2 Robson Street

Wo sich diese schicke Meile mit der Burrard Street kreuzt, laden Roots Canada und lululemon athletica *(siehe S. 78)* zum Shoppen ein. Bummeln Sie durch die international bekannten Schuh-, Mode-, Accessoires- und Einrichtungsläden, besuchen Sie die Filiale der kanadischen Modekette Aritzia und stöbern Sie bei Lush nach Körperpflegeprodukten. Viele Lokale bieten sich für eine Rast an *(siehe S. 76)*.

3 South Granville

Karte H6

Den Abschnitt der Granville Street zwischen 2nd und 16th Avenue säumen fast ein Dutzend Kunstgalerien und eine ganze Reihe Dessousläden. In dem lässig eleganten Viertel dominieren hochwertige Marken und europäische Modehäuser wie Bacci, Boboli *(siehe S. 87)* und MaxMara, außerdem stößt man hier auf exklusive Tee- und Kaffeeläden, schöne Einrichtungshäuser und einige ansprechende Spielwarenläden.

4 Commercial Drive

Karte B2

»The Drive«, wie die Straße bei den Einheimischen heißt, ist funky und flippig und gilt als der Inbegriff von hip und leger. Was früher Vancouvers Little Italy war, ist heute ein multikultureller Mix mit Modeboutiquen, Buch- und Zeitschriftenläden, Vintage- und Secondhandshops. Fangen Sie an der Ecke East Broadway an und bummeln Sie Richtung Norden bis zur Venables Street.

5 Mount Pleasant

Karte M6

Entlang der Main Street reihen sich zwischen 2nd Avenue und 22nd Avenue zahlreiche Shops mit reichem Sortiment. Nachdem Sie Ihre Einkaufstaschen mit Vintage-Mode, Büchern und schönen handgefertigten Schreibwaren gefüllt haben, entspannen Sie sich in einem der vielen Cafés.

6 Granville Island

Der Granville Island Public Market ist für Lebensmittel bekannt, es gibt dort aber auch Hüte, Silberschmuck und mehr *(siehe S. 86)*. Im Net Loft, wo früher Fischernetze geflickt wurden, findet man Kunsthandwerk wie handgeschöpftes Papier, im Kids Market gibt es diverse Läden für Kinder *(siehe S. 24f)*.

Stand am Granville Island Public Market

7 Broadway

Karte AB1

Die meisten Läden am Broadway gibt es zwischen Main Street und Alma Street. Hier findet man Boutiquen wie Plenty, das stilvolle Mode und Accessoires verkauft. Auch Naturkostläden gibt es hier in großer Zahl – vor allem in Granville Street, Arbutus Street und Macdonald Street, dem Hotspot der griechischen Community Vancouvers.

8 Pacific Centre

Karte K3 ■ 701 W Georgia St ■ +1-604-688-7235

Die große Mall unterhalb der Granville Street im Zentrum Downtowns beherbergt rund 100 Läden, darunter Kaufhäuser, Boutiquen und Fachgeschäfte mit Mode, Sportartikeln, Schmuck und Krimskrams.

Einkaufsstraße in Chinatown

9 Chinatown

Eine Zeit lang kämpfte Vancouvers ältestes und größtes asiatisches Einkaufsviertel angesichts der Konkurrenz durch Richmonds Asia-Supermärkte um die Existenz, heute sind die Straßen, wo Läden Gewürze und Arzneien, exotische Delikatessen, frischen Fisch und Gemüse, Lederwaren und Souvenirs anbieten, wieder von Schnäppchenjägern bevölkert *(siehe S. 70)*.

10 Gastown

Die alten Häuser hier bergen Galerien mit Kunst der First Nations, Designerboutiquen, Fachgeschäfte für Knöpfe oder für Cowboystiefel und viele andere Läden. Rund um die Water Street verkaufen einige Shops kanadische Souvenirs von klassisch bis kitschig *(siehe S. 69)*.

Cowboystiefelauswahl in Gastown

TOP 10 Kostenlose Attraktionen

Art déco im Marine Building

1 Marine Building

Karte K3 ■ 355 Burrard St

Nach einem Bummel über den Canada Place lockt dieser imposante Art-déco-Bau von 1930, der seinerzeit das höchste Gebäude in British Columbia war. An Werktagen hat man zwischen 8.30 und 17 Uhr auch Zutritt zur Lobby, wo weitere schöne Art-déco-Details zu bewundern sind.

2 Seawall

Vancouvers berühmter Uferdamm präsentiert auf insgesamt 28 Kilometern Panoramablicke, Picknickplätze und Strände. Das Stück rund um den Stanley Park ist Einbahnstraße *(siehe S. 12)*.

3 Blick in die Sterne

Die Sternwarte im H. R. MacMillan Space Centre *(siehe S. 84)* erlaubt samstags von 19 bis 23 Uhr kostenlosen Blick in die Sterne (Spenden sind willkommen).

4 Christ Church Cathedral

Unter dem Motto »Open Doors, Open Hearts, Open Minds« steht die Christ Church Cathedral täglich jedem offen, die großartige Orgel und der preisgekrönte Chor sind aber nur sonntags bei der Messe (10.30 Uhr) zu hören *(siehe S. 75)*.

5 Stadtführungen

City of Vancouver: www.vancouver.ca ■ Vancouver DeTours: www.vancouverdetours.ca

Die Stadt Vancouver stellt auf ihrer Website Vorschläge für Kunst-Spaziergänge zum Download bereit. Wer die Stadt lieber begleitet erkundet, kann sich einer Gratisführung von Vancouver DeTours anschließen – ein Trinkgeld ist angebracht.

6 British Columbia Parliament Buildings

Für eine Tour durch Victorias klassizistische Parlamentsgebäude aus dem 19. Jahrhundert, Sitz der Legislative der kanadischen Provinz, muss man weder etwas zahlen noch sich anmelden. Abgesehen von der Zeit, in der das Parlament gerade tagt, finden den ganzen Tag Führungen statt. Nur für Thementouren, bei denen man sich der Gartenarchitektur widmet, ist Anmeldung erforderlich *(siehe S. 28)*.

British Columbia Parliament Buildings

7 Lynn Canyon Park

Der weitläufige Park in North Vancouver *(siehe S. 102)* ist eine grüne Oase mit Wanderpfaden, kleinen Badeplätzen und einer 50 Meter hohen Hängebrücke. Nicht einmal das Ecology Centre kostet Eintritt.

8 International Buddhist Temple

Karte B3 ■ 9160 Steveston Hwy, Richmond ■ www.buddhisttemple.ca

Nur 25 Minuten von Downtown entfernt werden in Richmond *(siehe S. 103)* chinesische Kultur und buddhistische Philosophie gepflegt. Der International Buddhist Temple steht allen offen. Werfen Sie unbedingt auch einen Blick in den Garten.

International Buddhist Temple

9 Museen

Nahezu alle Museen und Ausstellungen in Vancouver bieten an bestimmten Tagen zumindest für ein paar Stunden freien Eintritt. Sparsame sollten die Vancouver Art Gallery *(siehe S. 20f)* dienstagabends und die Bill Reid Gallery *(siehe S. 77)* am Nachmittag des ersten Freitags im Monat besuchen – Spenden sind immer willkommen.

10 Festivals & Events

Viele Veranstaltungen sind gratis, sei es das Feuerwerk zum Canada Day *(siehe S. 15)*, ein Freiluftkonzert beim Jazzfestival, das größte Feuerwerkfest der Welt oder die Parade beim Vancouver Pride Festival *(siehe S. 64f)*. An Dezemberabenden ist die Carol Ships Parade of Lights mit beleuchteten Schiffen in Coal Harbour ein Erlebnis.

Vancouver für wenig Geld

Beacon Hill Park, Victoria

1 Die vielen Parks in und um Vancouver *(siehe S. 48f)* bieten Gelegenheit zur Erholung und zum Freizeitspaß.

2 Einige Lokale bieten nachmittags oder am frühen Abend Happy Hours, so z. B. L'Abattoir *(siehe S. 73)*, The Flying Pig *(siehe S. 89)* und Royal Dinette *(siehe S. 81)*.

3 Wer den ÖPNV öfter nutzt, kann mit Tagespässen oder der wiederaufladbaren Compass Card Geld sparen.

4 Nehmen Sie am Flughafen statt eines Taxis lieber die Canada Line des SkyTrain *(siehe S. 110)* in die Innenstadt, da kostet die Fahrt keine zehn Dollar.

5 Der Besuch eines Bauernmarkts bietet kostenloses Vergnügen und leckeres Essen für wenig Geld (www.eatlocal.org).

6 In den Supermärkten von T&T erhält man preiswertes asiatisches Essen und kann oft viel davon kostenlos probieren (www.tnt-supermarket.com/bc).

7 Recht preiswert – und lecker – isst man an den vielen tollen Foodtrucks (www.streetfoodapp.com/vancouver).

8 Der Vancouver City Passport (25 $) enthält viele Ermäßigungen für die ganze Familie (www.citypassports.com).

9 Tickets Tonight verkauft im Tourism Vancouver Visitor Centre *(siehe S. 15)* ermäßigte Karten für Veranstaltungen am selben Tag.

10 Wer Mitglied ist bei Hostelling International (www.hihostels.com), logiert preiswert in den besten Hostels der Gegend und profitiert von Ermäßigungen bei Partner-Einrichtungen.

TOP 10 Feste & Festivals

1 JFL NorthWest Comedy Festival

Anfang März ▪ www.jflnorthwest.com
Geboten sind reichlich Stand-up-, Sketch- und Impro-Comedy sowie kostenloses Straßentheater von Comedians aus Kanada und der Welt.

2 Vancouver International Wine Festival

Ende Feb – Anfang März ▪ +1-604-872-6623 ▪ www.vanwinefest.ca
Was 1979 ganz bescheiden begann, zählt heute zu den ältesten, größten und besten Weinfesten der Welt und zieht namhafte Erzeuger an. Es gibt Verkostungen, Diners, Seminare und kulinarische Wettbewerbe.

3 Bard on the Beach Shakespeare Festival

Juni – Ende Sep ▪ +1-604-739-0559 ▪ www.bardonthebeach.org
Beim größten professionellen Shakespeare-Festival Westkanadas werden im Vanier Park *(siehe S. 85)* Stücke des Dichters samt Rahmenprogramm präsentiert.

4 Concord Pacific Dragon Boat Festival

Mitte Juni ▪ +1-604-688-2382 ▪ www.vancouverdragonboatfestival.ca
Wenn sich fast 6000 Paddler aus aller Welt am False Creek treffen, wird das immer ein vergnügliches Wochenende – mit spannenden Rennen, gutem Essen, Ausstellungen und viel Unterhaltung. Der Eintritt zur Science World *(siehe S. 26f)* ist im Ticket enthalten.

Beim International Jazz Festival

5 Vancouver International Jazz Festival

Ende Juni – Anfang Juli ▪ +1-604-872-5200 ▪ www.coastaljazz.ca
Das Vancouver International Jazz Festival ist eines der größten Musikfestivals in ganz Kanada. Bei den insgesamt rund 400 Konzerten in der ganzen Stadt werden sämtliche Stilrichtungen dieses Musikgenres präsentiert. Viele Parks und Plätze in der ganzen Stadt dienen als Veranstaltungsorte für kostenlose Konzerte. Den Abschluss bildet ein Open-Air-Konzert auf mehreren Bühnen.

Concord Pacific Dragon Boat Festival

6 Vancouver Folk Music Festival

Mitte Juli ▪ Jericho Beach Park ▪ +1-604-602-9798 ▪ www.thefestival.bc.ca
An die 30 000 Fans strömen her, wenn drei Tage lang bekannte kanadische und internationale Folkmusiker im Park beim Jericho Beach *(siehe S. 46)* auf der Open-Air-Bühne Konzerte geben.

Honda Celebration of Light

Juli & Aug ■ www.hondacelebrationoflight.com

Drei Länder konkurrieren bei diesem Festival um den Ruhm für das spektakulärste, von Musik begleitete Feuerwerk. Das lockt ganze Scharen zu den Stränden von English Bay, Vanier Park, Kitsilano, Jericho und West Vancouver. Um gute Plätze zu bekommen, muss man früh da sein.

Vancouver Pride

Ende Juli – Anfang Aug ■ +1-604-687-0955 ■ www.vancouverpride.ca

Das Festival für LGBTQ+ feiert im West End zwei Wochen lang die Vielfalt des Lebens – und Tausende feiern mit.

9 Vancouver International Film Festival

Anfang Okt ■ +1-604-683-3456 ■ www.viff.org

Das bunte Festivalprogramm zieht jedes Jahr gut 150 000 Besucher an. Einen Schwerpunkt bilden Filme aus Kanada und dem Pazifischen Raum.

Vorführung beim Film Festival

Vancouver Writers Fest

Mitte Okt ■ +1-604-681-6330 ■ www.writersfest.bc.ca

Autoren aus Kanada und aller Welt locken Massen nach Granville Island *(siehe S. 24f)* zu Foren, Lesungen und literarischem Kabarett in Englisch und Französisch, wo man namhafte Schriftsteller treffen und mit ihnen ins Gespräch kommen kann.

Ensembles & Orchester

1 Firehall Arts Centre
Die Multikulti-Shows des Ensembles sind überaus unterhaltsam *(siehe S. 53)*.

2 Ballet BC
+1-855-985-5000 (Ticketmaster)
Die Tänzer sind erstklassig, die Leitung zeigt sich auch mal wagemutig.

3 Vancouver Recital Society
+1-604-602-0363
Das innovative Programm im Vancouver Playhouse *(siehe S. 53)* wird hochgelobt.

4 Vancouver Opera Company
+1-604-683-0222
Bei den Großproduktionen klassischer und moderner Opern stehen Sänger aus aller Welt auf der Bühne.

5 The Dance Centre
+1-604-606-6400
In dem Zentrum in der Davie Street führen Truppen aus der ganzen Welt traditionellen oder modernen Tanz auf.

6 Early Music Vancouver
+1-604-732-1610
Die Konzerte widmen sich mittelalterlicher bis spätromantischer Musik.

7 Arts Club Theatre Company
Auf Stanley Industrial Alliance Stage und Granville Island Stage *(siehe S. 52f)* wird modernes Drama präsentiert.

8 Vancouver Theatresports League
+1-604-738-7013
The Improv Centre auf Granville Island ist Bühne für tolle Impro-Comedy.

9 Kokoro Dance
+1-604-662-7441
Verdrehte Bewegungen und starke Intensität kennzeichnen das hier präsentierte japanische Tanztheater *butoh*.

10 Vancouver Symphony Orchestra
+1-604-876-3434
Das international gefeierte Orchester tritt oft mit hochrangigen Gaststars auf.

Vancouver Symphony Orchestra

Stadtteile & Regionen

Stanley Park und Lost Lagoon mit Vancouver als Kulisse

Waterfront, Gastown & Chinatown	**68**
Downtown	**74**
South Granville, Kitsilano & Yaletown	**82**
Vancouver Island	**92**
Abstecher	**100**

TOP 10 Waterfront, Gastown & Chinatown

Steam Clock, Gastown

Die Waterfront ist das Herz Vancouvers. Der Hafen zählt zu Nordamerikas größten und ist seit Eröffnung des Terminals am Canada Place in den 1980ern auch ein wichtiger Kreuzfahrthafen. Einen Block entfernt liegt Gastown, wo schöne Gebäude aus der Blütezeit im frühen 20. Jahrhundert nichts von den Anfängen als raue Sägewerksiedlung ahnen lassen. In Chinatown gibt es einige der besten Restaurants der Stadt. Doch Wohlstand war hier nie selbstverständlich: Weil sich viele Arbeiter vom Zustrom bedroht sahen, wurde 1885 die Einwanderungspolitik verschärft. Heute erfreuen sich hier alle am guten Essen und an netten Läden.

Top-10-Attraktionen *siehe S. 69–71*

Restaurants & Cafés *siehe S. 73*

Bars & Clubs *siehe S. 72*

Canada Place bei abendlicher Beleuchtung

1 Canada Place

Als der Canada Place 1986 eröffnet wurde, war der Bau sehr umstritten. Für die Kritiker waren die fünf Segel eine dürftige Imitation des Sydney Opera House. Heute zählt der Komplex zu Vancouvers Wahrzeichen und ist Dreh- und Angelpunkt des um ihn herum entstandenen Hafenviertels *(siehe S. 14f)*.

2 Vancouver Police Museum

Karte M4 ■ 240 E Cordova St ■ +1-604-665-3346 ■ Di–Sa 9–17 Uhr ■ Eintritt ■ www.vancouverpolicemuseum.ca

Das Museum in Vancouvers einstigem, 1932 erbauten Untersuchungsgericht widmet sich der faszinierenden Geschichte der Polizeibehörde. Es präsentiert echte Beweisstücke wie Falschgeld, historische Schuss- und moderne Straßenwaffen. Die Ausstellung von Messern ist besonders beliebt. Außerdem stellen Puppen in authentischer Aufmachung ungelöste Mordfälle dar.

3 Steam Clock

Karte L3 ■ Water Street, Höhe Cambie Street

Die erste Dampfuhr der Welt ist wohl eines der meistfotografierten Wahrzeichen der Stadt, dabei ist sie gar nicht besonders alt. Der kanadische Uhrmacher Raymond Saunders baute die fünf Meter hohe Konstruktion im Jahr 1977 nach einem Modell von 1875. Alle 15 Minuten beginnt die Straßenuhr aus Bronze und Gold zu dampfen und zu pfeifen, zur vollen Stunde ertönt der Westminsterschlag.

4 Gastown

Karte LM3

Die gepflasterten Straßen von Gastown haben schon viele Wandlungen erfahren; die gegenwärtige ist vermutlich die angenehmste. Seit den 1970er Jahren wird an der Aufwertung des Viertels gearbeitet. So beheimatet es heute anstelle kitschiger Souvenirläden mehr Boutiquen mit Waren einheimischer Designer, exzellente Galerien mit Kunst der Inuit und der First Nations, schöne Restaurants und angesagte Clubs.

In einer Straße in Gastown

»Iron Road« – von Küste zu Küste

Die große Saga der kanadischen Eisenbahn ist eine Geschichte von Macht und Leid. Premierminister John A. Macdonald löste im Jahr 1886 sein Versprechen ein, eine Eisenbahn quer durch Kanada zu bauen, um die Dominion of Canada zu vereinen. Am 23. Mai 1887 erreichte der erste transkontinentale Personenzug die Waterfront Station. Ganz Vancouver feierte die Ankunft, auch die Schiffe im Hafen waren mit Flaggen geschmückt. Die »Iron Road« war endlich fertig – sie hatte viele Leben gekostet, u. a. die von 600 chinesischen Arbeitern.

5 Sun Tower

Karte L4 ▪ 100 W Pender St

Als dieses 17-stöckige Wahrzeichen von Vancouver, ein eleganter Beaux-Arts-Turm, 1911 erbaut wurde, war es mit 82 Metern das höchste Gebäude des British Commonwealth – und die neun nackten Statuen sorgten für einen Skandal. 1918 sah eine riesige Menschenmenge zu, wie die »menschliche Fliege« Harry Gardiner am Gebäude hinaufkletterte.

6 Chinatown

Karte LM4

Die heute drittgrößte Chinatown Nordamerikas entstand ab 1880 zwischen Pender Street, Keefer Street, Gore Avenue und Carrall Street. Damals lockte der Bau der Canadian Pacific Railway über 20 000 Chinesen nach Kanada. Das Millennium Gate in der Pender Street ist der beste Startpunkt für einen Bummel durch das lebhafte Viertel.

Dr. Sun Yat-Sen Chinese Garden

7 Dr. Sun Yat-Sen Classical Chinese Garden

Karte M4 ▪ 578 Carrall St ▪ +1-604-662-3207 ▪ Eintritt ▪ www.vancouverchinesegarden.com

Der 1986 eröffnete Garten im Stil der Ming-Dynastie war der erste außerhalb Chinas. Er ist wie ein typischer Privatgarten eines Gelehrten der Ming-Zeit gestaltet. Gewundene Pfade, Passagen und Höfe, asymmetrisch platzierte Felsen, Kiefern und blühende Ginkgo-Bäume laden zur Meditation über die Schönheit und den Rhythmus der Natur ein.

8 Maple Tree Square

Karte M3 ▪ Water Street, Höhe Carrall Street

An dem kleinen Platz liegen die Wurzeln der Stadt Vancouver. Die Statue auf dem Bierfass zeigt John »Gassy Jack« Deighton, Gastowns redseligen Gründer. Der einstige Dampfschiffs-

Maple Tree Square, Gastown

kapitän erbaute mit der Hilfe durstiger Sägewerksarbeiter den ersten Saloon der Stadt. Der namengebende Ahornbaum, ein beliebter Treffpunkt, fiel dem großen Brand von 1886 zum Opfer. Im Gaoler's Mews war das erste Gefängnis der Stadt wie auch die Wohnung von Constable Jonathan Miller, Vancouvers erstem Polizisten, untergebracht.

9 Waterfront Station

Karte L3 ■ 601 W Cordova St

Seit hier 1887 der erste transkanadische Passagierzug ankam, ist der Bahnhof – damals noch ein Holzgebäude – Verkehrsknotenpunkt. Der heutige Bau mit den weißen Säulen stammt von 1914.

Vancouver Lookout

10 Vancouver Lookout

Karte L3 ■ 555 W Hastings St ■ +1-604-689-0421 ■ tägl. 9–21 Uhr (Mai–Okt: 8.30–22.30 Uhr) ■ Eintritt

Glanzstück des Harbour Centre ist der 177 Meter hohe Turm mit seiner Aussichtsplattform. Die Fahrt mit dem gläsernen Aufzug dauert ganze 40 aufregende Sekunden. Vom rundum verglasten Aussichtsdeck erblickt man an klaren Tagen im Westen Vancouver Island und im Süden den Mount Baker im US-Bundesstaat Washington. Auch Sonnenuntergänge sind hier ein Erlebnis.

Spaziergang

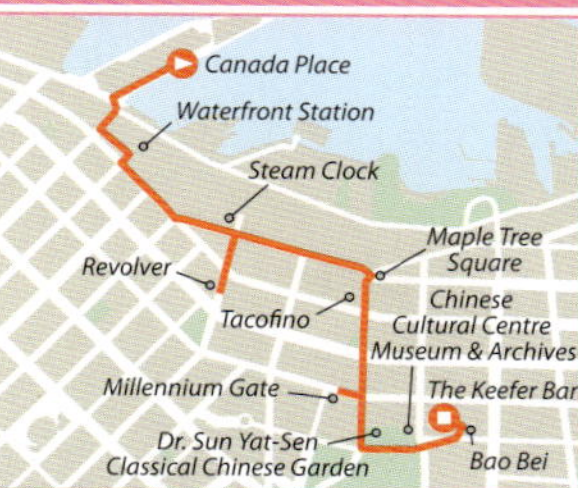

Vormittags

Der Tag beginnt am **Canada Place** *(siehe S. 69)*. Genießen Sie dort vor allem den fantastischen Blick auf den Hafen, bevor Sie die Promenade entlang- und dann nach Osten zur **Waterfront Station** spazieren. Im Innern des Bahnhofs sind sehr schöne Wandmalereien zu besichtigen. Über die Cordova Street geht es zur Water Street, wo Sie die **Steam Clock** erwartet. Stärken Sie sich im Café **Revolver** *(siehe S. 73)* für den Bummel durch Gastown mit seinen architektonischen Reizen. Mittagessen gibt es dann im **Tacofino** *(siehe S. 73)*.

Nachmittags

Am **Maple Tree Square** stoßen Sie auf die Statue von »Gassy Jack« Deighton, Vancouvers erstem Wirt, der seinen Spitznamen besonderer Redseligkeit verdankt. Die Carrall Street führt Sie zum **Dr. Sun Yat-Sen Classical Chinese Garden**. Dort können Sie etwas entspannen, bevor Sie einen Blick ins benachbarte **Chinese Cultural Centre Museum & Archives** *(siehe S. 40)* werfen. Über die Pender Street geht es anschließend gen Osten zum **Millennium Gate** und nach Chinatown zum Einkaufsbummel – beachten Sie aber auch die schönen alten Holzhäuser. Der Tag endet mit chinesischem Essen im **Bao Bei** *(siehe S. 73)* und einem Cocktail in **The Keefer Bar** *(siehe S. 72)*. Dort können Sie Musik hören oder bis in die frühen Morgenstunden Minigolf spielen.

Siehe Karte S. 68

Bars & Clubs

Steamworks Brew Pub

1 Steamworks Brew Pub
Karte L3 ▪ 375 Water St ▪ +1-604-689-2739

Zu Pizza, Pasta, Burgern und *poutine* (Pommes mit Käsekrümeln und Bratensauce) schmeckt das leckere Bier aus der hauseigenen Brauerei.

2 The Irish Heather
Karte M4 ▪ 248 E Georgia St ▪ +1-604-688-9779

Die nette Kneipe, ein original Irish Pub, lockt mit klassischer Kost wie *bangers 'n' mash* und rund 200 Sorten Whiskey *(siehe S. 56)*.

3 The Pourhouse
Karte L3 ▪ 162 Water St ▪ +1-604-568-7022

Das sanft beleuchtete, geschichts- und erinnerungsträchtige Lokal von 1910 besticht mit Atmosphäre, Essen und Cocktails.

4 The Blarney Stone
Karte M4 ▪ 216 Carrall St ▪ +1-604-687-4322

Eine laute und ausgelassene Gästeschar zieht es freitags und samstags in dieses beliebte Irish Pub mit Club.

5 The Diamond
Karte M3 ▪ 6 Powell St ▪ www.di6mond.com ▪ mittags geschl.

Das lässig stilvolle Lokal erinnert an längst vergangene Zeiten. Hier kann man sich entspannt die edlen Cocktails schmecken lassen *(siehe S. 56)*.

6 The Cambie
Karte L3 ▪ 300 Cambie St ▪ +1-604-688-9158

Das junge Publikum der seit 1897 betriebenen Bar schätzt die preiswerten Biere aus Mikrobrauereien (und das Hostel über der Bar).

7 Guilt & Co.
Karte M3 ▪ 1 Alexander St ▪ +1-604-288-1704

In dem schummrigen Keller genießt man zu Livemusik raffinierte Drinks und Speisen. Mittwochs ist Jazzabend, am Wochenende wechseln sich schnelle Bands ab *(siehe S. 57)*.

8 Alibi Room
Karte M3 ▪ 157 Alexander St ▪ +1-604-623-3383

Hier sind Funk, Soul und Hip-Hop zu hören, unten in der Lounge werden Kunst und Filme präsentiert. Dazu gibt es Craftbeer vom Fass.

9 The Keefer Bar
Karte M4 ▪ 135 Keefer St ▪ +1-604-688-1961

Die Cocktailbar im Herzen von Chinatown hat kreative Drinks und Snacks auf der Karte *(siehe S. 57)*.

10 Lobby Lounge
Karte L3 ▪ Fairmont Pacific Rim, 1038 Canada Pl ▪ +1-604-695-5300

Sehen und Gesehenwerden heißt es in der schicken Hotelbar, wo täglich Musiker der Region auftreten.

Restaurants & Cafés

Preiskategorien
Preis für ein Drei-Gänge-Menü pro Person mit einer halben Flasche Wein, inkl. Steuern und Service.

$ unter 35 $ · $$ 35–85 $ · $$$ über 85 $

1 Chambar
Karte L4 ■ 568 Beatty St ■ +1-604-879-7119 ■ $$$

Spezialität des belgischen Restaurants sind *moules frites*. Die Cocktailkarte lässt den Abend vielversprechend beginnen *(siehe S. 58)*.

2 Tacofino
Karte L3 ■ 15 W Cordova St ■ +1-604-899-7907 ■ $

Auch dieses Texmex-Lokal des Unternehmens, das als kleiner Foodtruck begann, serviert noch die berühmten Fish Tacos, die weithin als die besten gelten *(siehe S. 58)*.

3 L'Abattoir
Karte M4 ■ 217 Carrall St ■ +1-604-568-1701 ■ mittags geschl. ■ $$$

Ziegelwände und Holzbalken sorgen für angenehmes Ambiente, die französisch beeinflussten Westküstengerichte für vollendeten Genuss.

L'Abattoir

4 Harvest Community Foods
Karte M4 ■ 243 Union St ■ +1-604-682-8851 ■ $

Das einem Laden angegliederte Café in Chinatown verwendet frische Produkte regionaler Bauernhöfe. Wählen Sie Nudelsuppe oder Backwaren.

5 Miku
Karte L3 ■ 200 Granville St, Suite 70 ■ +1-604-568-3900 ■ $$

In dem japanischen Restaurant sind Fischgerichte aus nachhaltigem Fang zu genießen. Spezialität ist *aburi (siehe S. 58)*.

6 Meat & Bread
Karte L3 ■ 370 Cambie St ■ +1-604-566-9003 ■ abends geschl. ■ $

Die tollen Sandwiches sind es wert, dass man sich mittags in die lange Schlange reiht – und meist muss man gar nicht so lange warten.

7 Al Porto Ristorante
Karte L3 ■ 321 Water St ■ +1-604-683-8376 ■ $$

Die lebhafte Trattoria lockt mit Pizza und Pasta, Fisch und Fleisch. Dazu stehen rund 300 Weine zur Wahl.

8 Revolver
Karte L3 ■ 325 Cambie St ■ +1-604-558-4444 ■ abends geschl. ■ $

Wenn es um Kaffeezubereitung geht, verstehen die Baristas der trendigen Cafébar keinen Spaß. Fragen Sie nach *brew flight*, einer Auswahl erlesener Espressos.

9 The Birds & The Beets
Karte M3 ■ 55 Powell St ■ +1-604-893-7832 ■ abends geschl. ■ $

Alle Gerichte des gemütlichen Cafés sind bio und aus Zutaten der Region, auch der leckere Avocadotoast.

10 Bao Bei
Karte M4 ■ 163 Keefer St ■ +1-604-688-0876 ■ mittags geschl. ■ $$

Im Bao Bei wird chinesische Hausmannskost serviert. Vorher lockt ein Cocktail an der Bar *(siehe S. 59)*.

Siehe Karte S. 68

TOP 10 Downtown

Das Herz der einstigen von Sumpfland umgebenen Holzfällersiedlung mit der Handvoll Tavernen ist heute ein urbanes Zentrum mit Bürotürmen, Luxusboutiquen, Shoppingmalls und exzellenten Restaurants. Die breiten Straßen säumen schöne denkmalgeschützte Gebäude, Theater und Kunstgalerien. Downtown ist rund um die Uhr voller Leben. Abends strömen die Bewohner Vancouvers schick gekleidet in die Bars und Lounges, um sich bei Cocktails vom Stress des Tages zu erholen. Das Viertel, das sich vom Stanley Park und dem West End bis zu den historischen Stadtteilen Gastown und Chinatown erstreckt, lässt sich prima zu Fuß erkunden.

Von Bill Reid geschaffener Totempfahl im Stanley Park

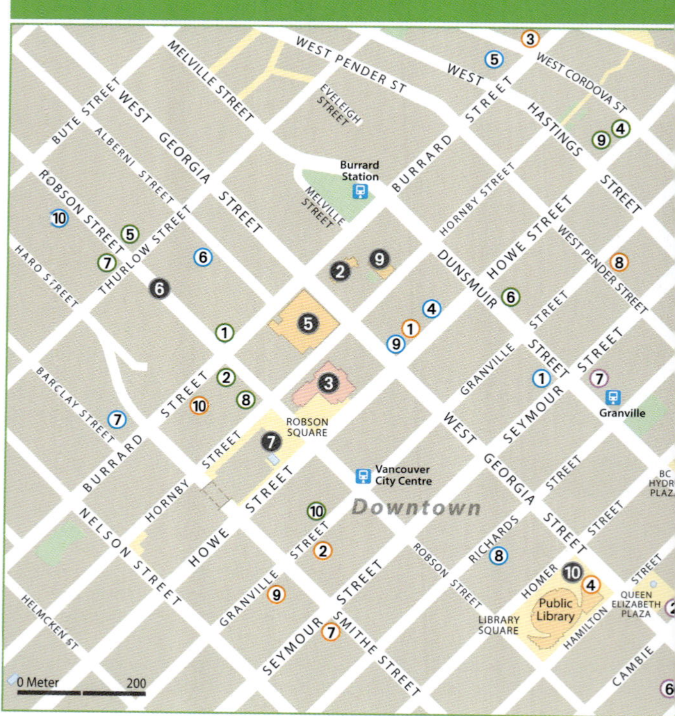

Christ Church Cathedral

1 Stanley Park

Diese vier Quadratkilometer gezähmte Wildnis bilden die grüne Lunge der Stadt. Der von Wegen durchzogene Park birgt Sehenswürdigkeiten wie Tore der Küsten-Salish, Totempfähle und die hübsche Skulptur *Girl in a Wetsuit*. Der Seawall, der den Park umrundet, ist perfekt für Spaziergänge oder Radausflüge mit Meerblick *(siehe S. 12f)*.

2 Christ Church Cathedral

Karte K3 ■ 690 Burrard St ■ +1-604-682-3848

Die 1895 geweihte neugotische Kirche, ein architektonisches Juwel, diente einst einlaufenden Schiffen als Orientierungspunkt. Im Innern beeindrucken neben der 2004 eingebauten Orgel von Kenneth Jones die Deckenbalken aus Douglasienholz und die 32 Buntglasfenster – drei im Vorraum des Verwaltungstrakts stammen vom britischen Künstler William Morris. Den 30 Meter hohen Turm aus Stahl und Glas, der im Freien steht, schuf die Kanadierin Sarah Hall.

Großraum Vancouver

0 km 2

1 **Top-10-Attraktionen** *siehe S. 75–77*

1 **Restaurants & Cafés** *siehe S. 81*

1 **Bars & Clubs** *siehe S. 79*

1 **Shopping** *siehe S. 78*

1 **Live-Musik-Bühnen** *siehe S. 80*

***Big Raven*, Vancouver Art Gallery**

3 Vancouver Art Gallery

Das 1912 von Francis Rattenbury errichtete Gerichtsgebäude, das eindrucksvoll die Blütezeit des British Empire verkörpert, dient seit 1983 als Kunstmuseum. Der Architekt Arthur Erickson leitete seinerzeit den Umbau. Die Emily-Carr-Sammlung, die die Vancouver Art Gallery ihr eigen nennen darf – darunter auch das schöne Gemälde *Big Raven* –, ist die größte in Kanada. Einen weiteren Schwerpunkt des Hauses bildet moderne Fotokonzeptkunst *(siehe S. 20f)*.

4 Science World

Die augenfällige geodätische Kuppel, gebaut für die Expo '86, beheimatet eine reizvolle Vielfalt an interaktiven Exponaten. Hier kann man mit magnetischen Flüssigkeiten spielen, Tierfelle ertasten, einiges über Energie und Bewegung erfahren, Lasershows sehen und das tolle OMNIMAX®-Kino besuchen *(siehe S. 26f)*.

Futuristischer Bau der Science World

5 Fairmont Hotel Vancouver

Karte K3 ■ 900 W Georgia St ■ +1-604-684-3131 ■ www.fairmont.com/hotel-vancouver

1928 begann die Canadian Pacific Railway mit dem Bau des berühmtesten Hotels der Stadt. 1929 – das Stahlskelett stand – setzte die Weltwirtschaftskrise den Arbeiten ein Ende. Erst 1939, anlässlich des Besuchs von George VI, stellte man das Hotel mit dem Kupferdach und den schelmischen Wasserspeiern fertig. Besucher können die Lobby bewundern und in der Lounge Tee trinken.

Terry Fox' Marathon of Hope

Terry Fox, 1958 in Winnipeg geboren, wuchs in einem Vorort von Vancouver auf. Mit 18 Jahren wurde ihm wegen Knochenkrebs das rechte Bein abgenommen. Mit einer Prothese startete er drei Jahre später am Ufer des Atlantiks seinen »Marathon der Hoffnung«, um Geld für die Krebsforschung zu sammeln. In 143 Tagen lief er 5373 Kilometer durch Kanada. Als Terry Fox 1981 an Krebs starb, hatte er für jeden der über 24 Millionen Kanadier einen Dollar gesammelt. Seit 2011 ehrt ihn ein Denkmal am BC Place Stadium

6 Robson Street

Karte H2 – K4

Die Shoppingmeile *(siehe S. 60)* lockt sowohl Bewohner des West End als auch wohlhabende Kundschaft aus ganz Vancouver, internationale Prominenz und viele Urlauber an. Entsprechend unterhaltsam ist hier das Flanieren und Leutebeobachten. Die Seitenstraßen vermitteln einen Eindruck vom dicht besiedelten historischen West End.

7 Robson Square & Law Courts

Karte J4 ■ 800 Robson St ■ +1-604-660-8989

Das von Arthur Erickson entworfene Zentrum erstreckt sich auf vier Ebenen über mehrere Blocks. Auf Höhe Robson Street steht an der Südseite neben einem Wasserfall Alan Chung Hungs rote Stahlskulptur *Spring* zwischen den Bäumen. Eine Ebene höher kann man am Teich der Law Courts sitzen und die Aussicht genießen. In der verglasten Great Hall steht Jack Harmans *Themis*, eine Statue der Göttin der Gerechtigkeit.

Wasserfall am Robson Square

BC Sports Hall of Fame

8 BC Sports Hall of Fame

Karte L4 ■ BC Place Stadium, Gate A ■ +1-604-687-5520 ■ Eintritt ■ www.bcsportshall.com

In 20 Abteilungen auf fast 2000 Quadratmetern erzählt das Museum im BC Place Stadium *(siehe S. 53)* die Sportgeschichte British Columbias ab 1860. Interaktive Exponate liefern faszinierende Details über Athleten wie den Sprinter Harry Jerome oder die Skirennläuferin Nancy Greene. Kinder lieben vor allem die Participation Gallery *(siehe S. 40)*.

9 Bill Reid Gallery

Karte K3 ■ 639 Hornby St ■ +1-604-682-3455 ■ Mai–Sep: tägl. 10–17 Uhr; Okt–Apr: Mi–So 11–17 Uhr ■ www.billreidgallery.ca

Haida-Künstler Bill Reid – Bildhauer, Gold- und Silberschmied – ebnete in Sachen First-Nations-Kunst vielen Kollegen den Weg. Diese Galerie für Kunst der Nordwestküste widmet sich seinem und deren Werk. Zur Reid-Dauerausstellung zählt ein achteinhalb Meter langer Bronzefries. Zudem gibt es interessante Wechselausstellungen *(siehe S. 41)*.

10 Library Square

Karte K4 ■ Robson Street, Höhe Homer Street

Die in Teilen von Moshe Safdie entworfene Bücherei wurde 1995 eröffnet. Der Bau wurde wegen seiner Ähnlichkeit mit einem römischen Amphitheater erst kritisiert, ist heute aber beliebt. Der Library Square umfasst einen Häuserblock und birgt auch den Federal Tower mit Regierungsbüros, Souvenirläden, ein Café und mehrere Schnellrestaurants.

Spaziergang

Vormittags

Starten Sie am **BC Place Stadium** *(siehe S. 53)* mit einem Besuch der **BC Sports Hall of Fame**, wo man eine unterhaltsame Stunde verleben kann. Auf dem Weg westwärts zur **Robson Street** passieren Sie das **Terry Fox Memorial**, das mit vier Bronzefiguren den Helden ehrt, der Millionen Dollar für die Krebsforschung sammelte. Drei Blocks weiter liegt auf Höhe Homer Street der **Library Square**. Werfen Sie einen Blick in das luftige Atrium, bevor Sie gen Westen weiter bis zum **Pacific Centre** *(siehe S. 61)* spazieren. Nach einem Bummel durch die dortigen Läden kreuzen Sie die Howe Street zur **Vancouver Art Gallery** *(siehe S. 20f)*, wo Sie im 1931 Gallery Bistro (+1-604-662-4831) Sandwiches und Salate genießen können – bei schönem Wetter auf der Terrasse.

Nachmittags

Nach dem Mittagessen erwarten Sie im vierten Stock des Kunstmuseums herrliche Bilder von Emily Carr. Sehen Sie sich zur Einführung den 15-minütigen Film über die berühmte Künstlerin an. Bummeln Sie anschließend über den reizenden **Robson Square** und durch die Läden der **Robson Street**. Vielleicht gönnen Sie sich noch ein süßes Appetithäppchen in einer der Chocolaterien, bevor Sie sich ins **Gotham Steakhouse** *(siehe S. 81)* aufmachen, um sich dort in wunderschönem Art-déco-Ambiente das beste Steak der Stadt schmecken zu lassen.

Siehe Karte S. 74f

Shopping

1 Roots Canada
Karte J3 ■ 1001 Robson St ■ +1-604-683-4305

Hier finden Sie klassische kanadische Sportswear und Lederbekleidung sowie Accessoires von Uhren über Gürtel bis zu Rucksäcken.

2 lululemon athletica
Karte J3 ■ 970 Robson St ■ +1-604-681-3118

Die beliebte Marke aus Vancouver bietet Yoga-, Sport- und Freizeitbekleidung für Männer und Frauen.

3 BC Liquor Store
Karte J3 ■ 1155 Bute St ■ +1-604-660-4569

Das breite Sortiment des Ladens – einer von mehreren in der Stadt – umfasst Spirituosen, Bier und Wein, auch Eiswein aus der Region.

4 RendezVous Art Gallery
Karte K3 ■ 323 Howe St ■ +1-604-687-7466

Die Auswahl an moderner und traditioneller bildender Kunst aus Kanada feiert die Schönheit der Westküste und umfasst viele Werke von Künstlern der First Nations und der Inuit.

5 Daniel Le Chocolat Belge
Karte J3 ■ 1105 Robson St ■ +1-604-688-9624

Belgische Schokolade und natürliche, möglichst biologisch erzeugte Zutaten dienen hier zur Herstellung köstlicher Pralinen wie Zitronen-, Champagner- oder Kaffeetrüffel.

6 Holt Renfrew
Karte K3 ■ 737 Dunsmuir St ■ +1-604-681-3121

Die gehobene kanadische Kaufhauskette wurde im frühen 19. Jahrhundert gegründet. Das edle Geschäft in Vancouver birgt auch Boutiquen von Louis Vuitton und Chanel.

7 Aritzia
Karte K4 ■ 1100 Robson St ■ +1-604-684-3251

Trendbewusste schätzen die lässige Mode des Ladens, der in Vancouver schon eine echte Institution ist.

8 MAC Cosmetics
Karte J3 ■ 908 Robson St ■ +1-604-682-6588

Die ursprünglich kanadische Marke zählt weltweit zu den führenden und bietet eine große Produktpalette.

9 Murchie's Tea & Coffee
Karte K3 ■ 815 W Hastings St ■ +1-604-669-0783

Der Laden führt fair gehandelten Tee und Kaffee aus aller Welt. Die Tradition des Familienbetriebs reicht bis ins Jahr 1894 zurück.

10 John Fluevog Shoes
Karte K4 ■ 837 Granville St ■ +1-604-688-2828

Die schicken robusten Schuhe und Stiefel des renommierten einheimischen Labels sind bei Modekennern heiß begehrt.

Verkaufsraum von John Fluevog Shoes

Bars & Clubs

Indie-Rock-Band Sleater-Kinney, Commodore Ballroom

1 Commodore Ballroom

Karte K4 ■ 868 Granville St ■ +1-604-739-4550

In dem 1929 eröffneten Club *(siehe S. 57)* spielen beliebte Livebands Rock, Pop, Blues und Jazz.

2 Reflections: The Garden Terrace

Karte J4 ■ 801 W Georgia St ■ +1-604-673-7043

Genießen Sie in der Bar und Lounge auf dem Dach des Rosewood Hotel Georgia köstliche Cocktails.

3 Botanist

Karte L3 ■ 1038 Canada Pl ■ +1-604-695-5500

Eine moderne Location zum Probieren erlesener Weine und Cocktails *(siehe S. 56)*.

4 Library Square Public House

Karte K4 ■ 300 W Georgia St ■ +1-604-633-9644

Die lebhafte Sportbar bietet eine gute Auswahl an Craftbieren.

5 Lift Bar & Grill

Karte J2 ■ 333 Menchion Mews ■ +1-604-689-5438

Probieren Sie in dieser Bar am Wasser mit Blick auf Coal Harbour Whiskey oder Wein *(siehe Seite 56)*.

6 Six Acres

Karte K4 ■ 203 Carrall St ■ +1-604-488-0110

Ein sehr einladender Gastro-Pub in einem schönen Backsteingebäude.

7 UVA Wine & Cocktail Bar

Karte K4 ■ 900 Seymour St ■ +1-604-632-9560

Ein Café verwandelt sich abends in eine schicke Lounge, wo man Cocktails, Tapas und am Wochende auch Live-Musik genießen kann.

8 One Under

Karte L3 ■ 476 Granville St ■ +1-604-559-4653

In dieser entspannten Kneipe gibt es eine gute Pizza. An den sechs Golfsimulatoren kann man sein Glück versuchen.

Gemütliche Sitzecke im One Under

9 The Roxy

Karte K4 ■ 932 Granville St ■ +1-604-331-7999

Vor allem am Wochenende locken Livebands aus Vancouver und ganz Kanada Scharen an. Dann sollte man früh kommen *(siehe S. 57)*.

10 JOEY Burrard

Karte J4 ■ 820 Burrard St ■ +1-604-683-5639

JOEY ist eine Filiale einer bekannten Bar- und Restaurantkette. Der Name steht für großartige Weine, einen durchweg guten Service und ein Flair im Industrial Style. Tipp für Cocktailliebhaber: Bellini mit einem Stück weißer Pfirsich.

Siehe Karte S. 74f

Live-Musik-Bühnen

1 Fortune Sound Club
Karte M4 ▪ 147 E Pender St ▪ +1-604-569-1758 ▪ Do–So geschl.

Der Club ist bekannt für mitreißende Live-Auftritte von Rockbands und talentierte DJs.

Bühne im Fortune Sound Club

2 Ventura Room
Karte L4 ▪ 695 Cambie St ▪ +1-604-620-5547

Die Bar ist im Vintage-Stil eingerichtet und verfügt über eine Außenterrasse. Abends gibt es Live-Musik von lokalen und nationalen Bands.

3 Oceans 999
Karte L2 ▪ Pan Pacific Vancouver, 999 Canada Pl ▪ +1-604-895-2480

Genießen Sie in diesem Restaurant im Pan Pacific Hotel jeden Samstagabend ein erlesenes italienisches Buffet und dazu den Blick aufs Meer.

4 Live Bait Marine Pub
Karte J2 ▪ 1583 Coal Harbour Quay ▪ +1-604-669-7666

Das Pub im Cardero's Restaurant am Yachthafen bietet jungen Talenten eine Bühne. Sie treten von Sonntag bis Donnerstag ab 21 Uhr auf.

5 The Loft at Earls
Karte K4 ▪ 1095 Mainland St ▪ +1-604-230-1986

Diese traditionelle Loft-Lounge mit ihrem Interieur aus Ziegelwänden und Holzbalken bietet Vintage-Flair. Jeden Donnerstagabend ab 19 Uhr gibt es Live-Musik.

6 Frankie's Jazz Club
Karte L4 ▪ 755 Beatty St ▪ +1-604-688 6368

Genießen Sie jeden Abend von Donnerstag bis Sonntag exquisite italienische Gerichte, dazu passende Weine und fantastischen Live-Jazz. Sowohl lokale als auch internationale Jazzmusiker treten auf.

7 Railway Stage & Beer Café
Karte K3 ▪ 579 Dunsmuir St ▪ +1-604-564-1430

Das in den 1930er Jahren eröffnete Café präsentiert Bands (nicht nur aus Vancouver) sowie jeden Abend witzige Comedy-Acts. Die Auswahl an Craftbieren ist groß.

8 The Cobalt
Karte M4 ▪ 917 Main St ▪ +1-604-398-4010

Diese über ein Jahrhundert alte Bar mit Bühne bietet ein breites Spektrum an Entertainment: Bands, DJs, Karaoke und Drag-Shows.

9 Calabash Bistro
Karte M4 ▪ 428 Carrall St ▪ +1-604-568-5882 ▪ Mo geschl.

In der Lounge im Erdgeschoss treten häufig Reggae-, Blues- und Funkbands auf. Im Speisesaal darüber wird eine Auswahl an köstlichen und farbenfrohen karibischen Gerichten angeboten.

10 Pat's Pub
Karte B2 ▪ 403 E Hastings St ▪ +1-604 255 4301

Seit den 1920er Jahren treten in dem altehrwürdigen Pub Jazzbands auf. Auf der Getränkekarte stehen auch Craftbiere der hauseigenen Hastings Mill Brewing Company.

Restaurants & Cafés

1 Gotham Steakhouse

Karte K3 ■ 615 Seymour St ■ +1-604-605-8282 ■ $$$

Die Steaks sind ein Hit, aber auch der »Seafood Tower« mit frischen Krebsen, Garnelen und Austern ist zu erwägen. Lassen Sie noch Platz für einen Bourbon Cake.

2 Ancora

Karte K4 ■ 1600 Howe St ■ $$$

Die Fusionsgerichte mit Fokus auf Seafood verbinden peruanische Aromen mit japanischer und Westküsten-Küche. Das Interieur ist hell und stilvoll.

3 Forage

Karte J3 ■ 1300 Robson St ■ +1-604-661-1400 ■ $$

Freunde nachhaltiger Küche gehen gern ins Restaurant des Listel *(siehe S. 116)*, wo alles bio und die Zutaten aus der Region stammen.

Paella im Medina Café

4 Diva at the Met

Karte K3 ■ Metropolitan Hotel, 645 Howe St ■ +1-604-602-7788 ■ $$

Zu den Köstlichkeiten, die in der offenen Küche gezaubert werden, gibt es beste Weine aus BC *(siehe S. 59)*.

5 Nightingale

Karte K3 ■ 1017 W Hastings St ■ +1-604-695-9500 ■ $$

Das Restaurant des lokalen Starkochs David Hawksworth serviert moderne kanadische Küche.

6 Coast

Karte J3 ■ 1054 Alberni St ■ 1-604-685-5010 ■ $$

Das lebhafte Lokal bietet exzellente Gerichte und frisches Seafood.

7 Le Crocodile

Karte J3 ■ 100–909 Burrard St ■ 1-604-669-4298 ■ $$$

Flammkuchen ist langjährige Spezialität des eleganten französischen Restaurants. Gute Weine und perfekter Service runden das Ganze ab.

Preiskategorien

Preis für ein Drei-Gänge-Menü pro Person mit einer halben Flasche Wein, inkl. Steuern und Service.

$ unter 35 $ · $$ 35–85 $ · $$$ über 85 $

8 Medina Café

Karte K4 ■ 780 Richards St ■ +1-604-879-3114 ■ abends geschl. ■ $$

Eines der besten Brunchlokale der Stadt serviert starken Kaffee, starke Cocktails und tolle mediterrane Kost wie Cassoulet, Paella und Couscous.

9 Hawksworth

Karte K3 ■ Rosewood Hotel Georgia, 801 W Georgia St ■ +1-604-673-7000 ■ $$$

Das edle Restaurant des Hotel Georgia *(siehe S. 116)* steht diesem in Sachen Luxus wahrlich nicht nach. Serviert wird exquisite zeitgemäße Küche *(siehe S. 59)*.

10 CinCin Ristorante & Bar

Karte J3 ■ 1154 Robson St ■ +1-604-688-7338 ■ mittags geschl. ■ $$$

Die guten Grillgerichte, Pasta und Risotto des italienisch inspirierten Restaurants wissen auch Hollywoodstars zu schätzen, wenn sie in Vancouver weilen *(siehe S. 59)*.

Terrasse im CinCin Ristorante & Bar

Siehe Karte S. 74f

TOP 10 South Granville, Kitsilano & Yaletown

Zwischen Yaletown und South Granville liegen der False Creek und die Granville Bridge. South Granville bietet einen Mix aus netten Läden und Lokalen. Dazwischen locken auf Granville Island viele umgebaute Lagerhäuser und ein großer Markt. Kitsilano ist bekannt für seine vielen kulturellen Attraktionen. Yaletown wuchs um einen Rangierbahnhof und erfuhr in den 1990er Jahren einen Wandel: Heute prägen das Viertel Boutiquen, Bars und Lokale.

Galionsfigur im Vancouver Maritime Museum

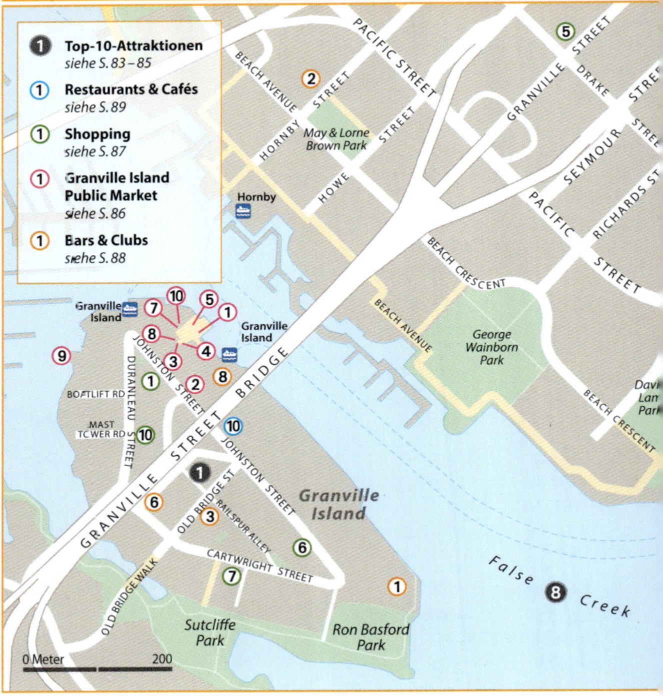

Top-10-Attraktionen
siehe S. 83–85

Restaurants & Cafés
siehe S. 89

Shopping
siehe S. 87

Granville Island Public Market
siehe S. 86

Bars & Clubs
siehe S. 88

Pacific Street
Beach Avenue
Hornby Street
May & Lorne Brown Park
Howe Street
Granville Street
Drake Street
Seymour Street
Richards Street
Hornby
Beach Crescent
George Wainborn Park
David Lam Park
Granville Island
Granville Street Bridge
Johnston Street
Duranleau Street
Boatlift Rd
Mast Tower Rd
Old Bridge St
Railspur Alley
Cartwright Street
Old Bridge Walk
Sutcliffe Park
Ron Basford Park
False Creek
0 Meter 200

Fishermen's Wharf, Granville Island

1 Granville Island

Im Watt des False Creek lagen einst die Fischgründe der Squamish, doch die Ansiedlung von Industrie, die Ende des 19. Jahrhunderts begann, zog viel Umweltverschmutzung nach sich. In den 1970er Jahren wurde Granville Island saniert: Die Schwerindustrie wurde durch Regierungsbeschluss verlagert und die Gegend entwickelte sich zu einem lebendigen Viertel *(siehe S. 24f)*.

2 Sunset Beach

Karte H4

Am weißen Sandstrand von Sunset Beach *(siehe S. 47)*, wo die English Bay endet und der False Creek beginnt, kann man herrlich schwimmen, das Wasser wird im Sommer bis zu 18 Grad warm und auch Rettungsschwimmer sind dann vor Ort. Das westliche Ende des Strands eröffnet schönen Blick auf Alvin Kanaks *Inukshuk (siehe S. 43)*. Am Ostende bietet das Vancouver Aquatic Centre ein schönes Schwimmbecken mit olympischen Maßen. Die False Creek Ferries *(siehe S. 111)* halten gleich daneben.

Straße im Yaletown Warehouse District

3 Yaletown Warehouse District

Karte J4 – K5

Die Skyline von Yaletown prägen inzwischen Hochhäuser. Im Warehouse District wurden alte Lagerhäuser in Lofts und Läden verwandelt, die ehemaligen Docks dienen heute Ufercafés als Terrassen. Dank der Modernisierung bezaubern in Homer, Hamilton und Mainland Street nun herausgeputzte Altbauten mit roten Ziegelfassaden und Torbogen. Die zahlreichen Bars und Clubs lassen das Viertel abends lebendig werden.

Yaletowns Eisenbahn

1887, als der Bau des transkontinentalen Schienenwegs in Vancouver endete und das Baulager in Yale geschlossen wurde, siedelten sich das Zugpersonal und die Arbeiter der Canadian Pacific Railway in Yaletown an. Noch in den frühen 1990er Jahren, als ein Entwicklungsplan erstellt wurde, war Yaletown das halbverfallene Zentrum der letzten Schwerindustrie in der Stadt. Heute, gut 20 Jahre später, ist es ein lebendiger Stadtteil und ein angesagtes Wohnviertel.

4 Vancouver Maritime Museum

Karte G4 ■ 1905 Ogden Ave ■ +1-604-257-8300 ■ tägl. 10–17 Uhr (Do bis 20 Uhr) ■ Eintritt ■ vanmaritime.com

Von der Seefahrt an der Westküste erzählen u. a. seegängige Kanus und ein Schoner von 1928, der als erstes Schiff Nordamerika umfahren hat. Kinder haben viel Spaß im Discovery Center mit Teleskop, interaktiven Stationen und Unterwasserroboter *(siehe S. 41)*.

5 H. R. MacMillan Space Centre

Karte G4 ■ 1100 Chestnut St ■ +1-604-738-7827 ■ tägl. 10–17 Uhr, Sa auch 19.30–23.30 Uhr ■ Eintritt ■ www.spacecentre.ca

Interaktive Exponate in der Ausstellung Cosmic Courtyard und Multimediashows in der 20 Meter großen Kuppel des Planetariums machen den Weltraum erfahrbar.

6 Roundhouse

Karte K5 ■ 181 Roundhouse Mews ■ +1-604-713-1800 ■ Mo–Fr 9–22 Uhr, Sa & So 9–17 Uhr ■ www.roundhouse.ca

Ein alter Lokschuppen der Canadian Pacific Railway am Pacific Boulevard ist Standort des Gemeindezentrums mit Theater, Ausstellungssälen und Räumen für Kunst- und Sportkurse. Hier ist die Lokomotive, die 1887 den ersten Personenzug nach Vancouver zog *(siehe S. 39)*, zu bestaunen.

Lokomotive 374, Roundhouse

7 Gallery Row

Karte H6 ■ 2100–2400 Granville St

Rund ein Dutzend Kunstgalerien und Antiquitätengeschäfte reihen sich entlang der Granville Street zwischen 5th Avenue und West Broad-

Vanier Park vor Downtown-Kulisse

way. Die Galerien widmen sich vor allem den Genres Malerei, Bildhauerei und Fotografie.

8 False Creek

Karte J6 – L5

Ende der 1850er Jahre suchte Kapitän G. H. Richards hier vergeblich die Mündung des Fraser River und nannte das Gewässer enttäuscht False Creek (»falscher Flussarm«). Im Watt der Meeresbucht gingen damals die Squamish zum Fischen. An der Südküste des False Creek entstanden später Sägewerke. Heute kann man am Ufer spazieren gehen, radeln und skaten. Der False Creek Seawalk rund um die Bucht trifft bei der Burrard Bridge auf den Seawall *(siehe S. 62)* an der English Bay.

9 Museum of Vancouver

Karte G5 ■ 1100 Chestnut St ■ +1-604-736-4431 ■ tägl. 10–17 Uhr ■ Eintritt ■ www.museumofvancouver.ca

Kanadas größtes Stadtmuseum zeigt Vancouvers Entwicklung vom Pelzhandelsposten zur Metropole. Die Ausstellungen behandeln außerdem Naturgeschichte, Archäologie, asiatische Kunst und Ethnografie.

10 Vanier Park

Karte G4

In dem ruhigen Park sieht man die Boote in der English Bay und Spaziergänger auf dem Weg zum Kitsilano Beach oder nach Granville Island. Wo einst Salish lebten, stehen nun Attraktionen wie H. R. MacMillan Space Centre, Museum of Vancouver und Vancouver Maritime Museum.

Spaziergang

Vormittags

Los geht es im **Yaletown Warehouse District**, wo Sie auf der Hamilton Street ab Ecke Drake Street gen Norden gehen und die alten Gebäude bewundern. Biegen Sie rechts in die Helmcken Street und erneut rechts in die Mainland Street. Beim Bummel durch die Läden stoßen Sie auch auf **The Cross Decor & Design** *(siehe S. 87)*. Auf der anderen Seite des Pacific Boulevard wartet im Gemeindezentrum **Roundhouse** die historische Dampflok 374. Am Dock dahinter legt der Aquabus nach Granville Island ab, wo der vergnügliche **Granville Island Public Market** *(siehe S. 86)* diverse Möglichkeiten für einen Mittagsimbiss bietet.

Nachmittags

Verlassen Sie den Markt im Osten und gehen Sie auf der Johnston Street bis zur Old Bridge Street. Dort können Sie bei **Vancouver Studio Glass** *(siehe S. 25)* den Glasbläsern bei der Arbeit zusehen. Nach einem Bummel durch das **Railspur District** *(siehe S. 25)* gehen Sie durch den dortigen Park zur Cartwright Street und nach links zum **Ron Basford Park**, wo Kinder gern den Hügel hinauf- und hinuntertoben. Dann geht es westwärts am Ufer entlang und vorbei an **Fishermen's Wharf** Richtung Vanier Park und zum **Museum of Vancouver**, für das Sie sich eine Stunde Zeit nehmen sollten. Beschließen Sie den Tag in **The Sandbar** *(siehe S. 89)* bei leckerem Seafood und schönem Ausblick.

Siehe Karte S. 82f

Granville Island Public Market

1 International Food Courts

Zwei Food Courts bieten hier u. a. Thai-, mexikanisches, japanisches und griechisches Essen an. Mit ein wenig Geduld ergattert man dafür einen Tisch.

2 Stuart's Bakery

An einer Theke locken Törtchen und Kuchen, Schokolade und Konfekt, an der anderen tolle Brotsorten.

Obstkuchen aus Stuart's Bakery

3 JJ Bean

Die Filiale hier war der erste Laden der Kaffeerösterei überhaupt. Gönnen Sie sich einen Becher des kräftigen Gebräus – auch zum Mitnehmen – oder kaufen Sie ein Päckchen Bohnen für zu Hause.

4 Olde World Fudge

In einem Kupferkessel wird Schokolade nach belgischem Rezept hergestellt. Hier erhält man Fudges, Toffees, Krokant und Karamell. Auch Probieren ist erlaubt.

5 Public Market Courtyard

Wer sein Essen in diesem netten Freiluftbereich an der Ostseite des Markts verzehrt, wird dazu kostenlos unterhalten. Die abgewetzten Bodenplanken, die für Flair sorgen, stammen aus der Zeit, als sich hier noch ein Dock befand.

6 Fliegende Händler

Zahlreiche Händler aus der Region kommen auf den Markt, um ihre Erzeugnisse zu verkaufen, z. B. Schalen aus einheimischem Holz, Thai-Curry-Saucen, Kräuterstöcke, hausgemachte Kuchen und Schmuck. Die Stände wechseln fast täglich.

7 Markttour

Foodie Tours: +1-604-295-8844; www.foodietours.ca

Wer den großen Markt im Westen von Granville Island unter fachkundiger Leitung erkunden möchte, kann sich einer geführten Tour anschließen, bei der man die besten Stände kennenlernt und allerlei an Räucherfleisch, Käse, Backwerk, Obst und anderen Köstlichkeiten probieren kann.

8 Lee's Donuts

Die luftig lockeren Donuts, die in dieser 1979 gegründeten Granville-Island-Institution verkauft werden, gelten als die besten der Westküste. Und man kann zusehen, wie sie gemacht werden.

9 Marina

Auf der Westseite des Markts sieht man elegante Yachten neben einfachen Segel- und Fischerbooten in der Marina liegen. Bei Festivals legen auch große Schiffe an.

10 Marktgebäude

Die Markthalle aus Holz und Wellblech wurde in den frühen 1920er Jahren von BC Equipment, der ersten Firma auf der Insel, gebaut und diente als architektonisches Vorbild für die nachfolgenden Gebäude vor Ort. Mit den großen Flaschenzügen an den Holzbalken lagerte man früher Seilrollen um.

Markthalle auf Granville Island

Shopping

Schönes aus Holz im Circle Craft Co-op

1 Circle Craft Co-op

Karte H5 ■ 1666 Johnston St ■ +1-604 669 8021

Das Sortiment an Kunsthandwerk aus der Region umfasst mundgeblasenes Glas, Keramik, Wanddekor, Kleidung und Schmuck.

2 Meinhardt Fine Foods

Karte B2 ■ 3002 Granville St ■ +1-604-732-4405

Der Lebensmittelladen erinnert an das berühmte New Yorker Geschäft Dean & DeLuca und vertritt die Philosophie, dass man am besten täglich ganz frisch einkauft.

3 The Cross Decor & Design

Karte J5 ■ 1198 Homer St ■ +1-604-689-2900

In dem denkmalgeschützten Haus von 1914 sind neben internationalen Marken auch Stücke einheimischer Künstler und Hersteller zu haben.

4 Bacci's

Karte B2 ■ 2788 Granville St ■ +1-604-733-4933

Die Boutique bietet ein umfangreiches Sortiment an Mode, Haushaltswaren und Pflegeprodukten.

5 Wildlife Thrift Store

Karte K3 ■ 1295 Granville St ■ +1-604-682-0381

Ob Bücher, Bekleidung, Schuhe oder Geschirr – der Shop ist eine gute Adresse für Schnäppchenjäger.

6 Opus Art Supplies

Karte H6 ■ 1360 Johnston St ■ +1-604-736-7028

Hier decken Künstler ihren Bedarf an Arbeitsgeräten. Gelegentlich finden Kunstworkshops statt.

7 Forge & Form

Karte H6 ■ 1334 Cartwright St ■ +1-604-684-6298

Unter den edlen Schmuckstücken aus Gold, Silber und Edelsteinen finden sich augenfällige Ringe und geschmeidige Halsketten.

8 Swirl Wine Store

Karte K5 ■ 1185 Mainland St ■ +1-604-408-9463

Der Laden hat die besten Weine aus der Region im Regal und führt auch schöne Geschenkkörbe mit Feinkost. Machen Sie bei einer Weinprobe mit.

Weinprobe im Swirl Wine Store

9 Boboli

Karte B2 ■ 2776 Granville St ■ +1-604-257-2300

Die modischen Stücke stammen von Marken wie Missoni, Canada Goose und Arc'teryx Veilance.

10 Malaspina Printmakers Gallery

Karte H5 ■ 1555 Duranleau St ■ +1-604-688-1724

Unter den Drucken hiesiger, kanadischer und internationaler Künstler findet jeder etwas, das ihm gefällt.

Siehe Karte S. 82f

Bars & Clubs

Dockside Restaurant & Brewing Company

1 Dockside Restaurant & Brewing Company

Karte H6 ▪ Granville Island Hotel, 1253 Johnston St ▪ +1-604-685-7070

Genießen Sie auf der tollen Terrasse des beliebten Lokals hausgebrautes Bier zum Blick auf den False Creek.

2 Long Table Distillery

Karte K3 ▪ 1451 Hornby St ▪ +1-604-266-0177 ▪ So–Di geschl.

Vancouvers erste Mikrodestillerie produziert Gin und andere erstklassige Spirituosen in überschaubaren Mengen. An Wochenenden genießt man hier Cocktails und Snacks.

3 The Liberty Distillery

Karte H5 ▪ 1494 Old Bridge St ▪ +1-604-558-1998

Hier kommen nur Erzeugnisse aus der Region in die kupfernen Destillierapparate. Vom Ergebnis kann man sich vor Ort in der netten Lounge überzeugen – vielleicht nach der interessanten Führung.

Cocktail in der Liberty Distillery

4 Yaletown Brewing Company

Karte K5 ▪ 1111 Mainland St ▪ +1-604-681-2739

Das heimische Bier passt prima zur guten Hausmannskost, die hier im Pub, im Restaurant und auf der Terrasse serviert wird.

5 The New Oxford

Karte K5 ▪ 1144 Homer St ▪ +1-604-609-0901

Eine 15 Meter lange Theke ist Herzstück der Bar, die ironisch auf Oxford University und britische Sportkultur anspielt.

6 Granville Island Brewing

In der 1984 gegründeten Brauerei *(siehe S. 25)*, wo Ortsansässige Flaschenbier, ein Fässchen fürs Gartenfest oder auch Eiswürfel holen, gibt es Führungen und Verkostungen sowie eine sehr einladende Schankbar *(siehe S. 57)*.

7 The Refinery

Karte J4 ▪ 1115 Granville St ▪ +1-604-687-8001

Freunde nachhaltiger Küche wie auch echte Wein- und Cocktailkenner zieht es in das moderne Bar-Restaurant mit köstlichen Tapas.

8 Backstage Lounge

Karte H5 ▪ 1585 Johnston St ▪ +1-604-687-1354

Zu den Gästen dieses zwanglosen Lokals mit Livebühne zählen Besucher und Schauspieler der benachbarten Granville Island Stage.

9 Grapes & Soda

Karte H9 ▪ 1541 W 6th Ave ▪ +1-604-336-2456

Gemütliche Bar mit Weinen aus ökologischer Produktion. Dazu werden Gerichte aus Zutaten direkt vom Bauernhof serviert.

10 Bar None

Karte J5 ▪ 1222 Hamilton St ▪ +1-604-689-7000 ▪ So–Do geschl.

Der Club New Yorker Stils in einem umgebauten Lagerhaus zieht mit Livemusik und einer großen Tanzfläche ein hippes Völkchen an.

Siehe Karte S. 82f

Restaurants & Cafés

Preiskategorien
Preis für ein Drei-Gänge-Menü pro Person mit einer halben Flasche Wein, inkl. Steuern und Service.

$ unter 35 $ $$ 35–85 $ $$$ über 85 $

1 Blue Water Café

Karte K4 ■ 1095 Hamilton St ■ +1-604-688-8078 ■ mittags geschl. ■ $$

Exzellente Weine begleiten die meisterlichen Westküstengerichte mit fangfrischem Fisch und das hervorragende Sushi *(siehe S. 58)*.

2 Rodney's Oyster House

Karte J5 ■ 1228 Hamilton St ■ +1-604-609-0080 ■ $$

Wer an der Theke Austern bestellt, kann zusehen, wie diese frisch geöffnet werden. Auch die gedämpften Muscheln, die Krebse und der Hummer sind sehr zu empfehlen.

3 Cioppino's Mediterranean Grill

Karte J5 ■ 1133 Hamilton St ■ +1-604-688-7466 ■ mittags, So, Mo geschl. ■ $$

»Pino« Posteraro kreiert bei Pasta, Risotto und Seafood tolle, etwas leichtere Variationen *(siehe S. 59)*.

4 Salmon n' Bannock Bistro

Karte B2 ■ 1128 W Broadway ■ +1-604-568-8971 ■ $$

Von Angehörigen der First Nations betriebenes Lokal mit indigenen Gerichten wie etwa Bisonbraten.

5 Provence Marinaside

Karte K5 ■ 1177 Marinaside Cres ■ +1-604-681-4144 ■ $$

In dem netten Restaurant mit Bar, das auch Picknickkörbe bietet, hilft ein Sommelier bei der Weinauswahl.

6 The Flying Pig

Karte J5 ■ 1168 Hamilton St ■ +1-604-568-1344 ■ $$

Hier wird in lockerer Atmosphäre innovative kanadische Küche serviert. Probieren Sie *poutine* mit Schwein.

7 Small Victory Bakery

Karte K4 ■ 1088 Homer St ■ +1-604-899-8892 ■ abends geschl. ■ $

Frühstück und Mittagssnacks sind in diesem modernen Café so lecker wie die feinen Croissants und Kuchen.

8 Brix & Mortar

Karte K5 ■ 1137 Hamilton St ■ +1-604-915-9463 ■ mittags geschl. ■ $$

Die schöne Wein- und Tapasbar bietet auch hervorragende Menüs aus Westküstengerichten an.

9 Beaucoup Bakery

Karte H6 ■ 2150 Fir St ■ +1-604-732-4222 ■ $

Für die so köstlichen wie ungewöhnlichen Backwaren ist der Andrang schon morgens sehr groß.

10 The SandBar

Karte H5 ■ 1535 Johnston St ■ +1-604-669-9030 ■ $$

Genießen Sie zum Blick auf den False Creek Krabbenküchlein oder über Zedernholz gegrillten Lachs.

The SandBar: Eingangsbereich

TOP 10 Vancouver Island

Welten entfernt vom Trubel Vancouvers und doch schnell mit Fähre oder Wasserflugzeug zu erreichen: Auf Vancouver Island nehmen die Städter gern Auszeit. Victoria im Süden ist ein guter Ausgangspunkt für die Erkundung der Naturschutzgebiete, der Strände und der Fischerdörfer dieser malerischen, dünn besiedelten Insel.

Schwarzbär, Clayoquot Sound

1 Clayoquot Sound

Karte A4

Am Clayoquot (sprich »kleck-wot«) Sound zwischen Ucluelet *(siehe S. 32)* und Nootka stehen 1700 Jahre alte Bäume. In dem UNESCO-Biosphärenreservat leben Schwarzbären, Wapiti, Wölfe und der bedrohte Marmelalk. Die Küste prägen Buchten und Inseln, Gezeitenlagunen und Wattgebiete.

1 Top-10-Attraktionen
siehe S. 92–95

1 Restaurants & Cafés in Victoria
siehe S. 99

1 Shopping in Victoria
siehe S. 98

1 Restaurants & Cafés auf der Insel
siehe S. 97

0 km 25

Vorhergehende Doppelseite Sonnenuntergang über der Georgia Strait, Nanaimo

Long Beach im Abendlicht, Pacific Rim National Park

② Long Beach

Mit den Regenwäldern im Rücken und den herrlichen Ausblicken auf den Pazifik zählt der lange Strand, Teil des Pacific Rim National Park Reserve *(siehe S. 33)*, zu den größten Attraktionen von Vancouver Island. Hier kann man surfen, wandern und etwas über die Nuu-chah-nulth lernen, die die Bucht jahrhundertelang bewohnten *(siehe S. 32)*.

③ Gulf Islands

Karte E5

Besucher der Inseln in der Strait of Georgia suchen Ruhe und Natur. Beliebt sind Salt Spring mit den Künstlerateliers und Galiano mit seinen Naturschutzgebieten. Auch die größeren Inseln Saturna, Pender, Mayne und Gabriola haben ihren Reiz. Man erreicht die Inseln mit BC Ferries *(siehe S. 110)* ab Swartz Bay.

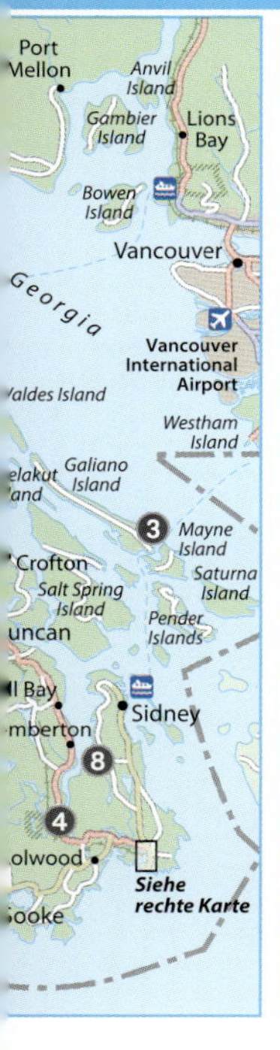

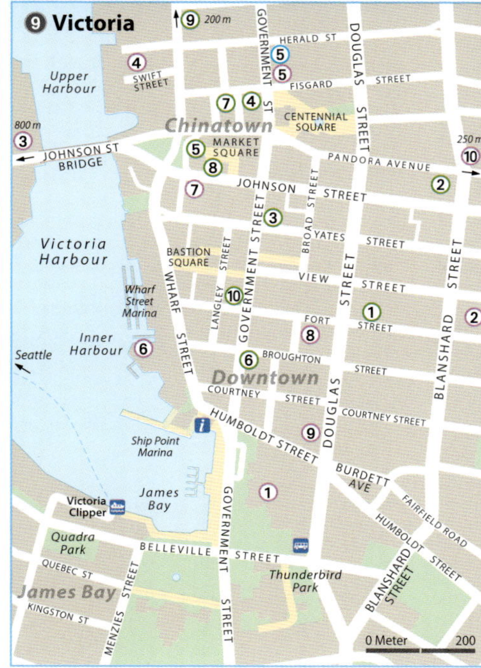

Wasserlauf, Goldstream Provincial Park

4 Goldstream Provincial Park

Karte E6 ■ Visitor Centre: 2930 Trans Canada Hwy; +1-250-478-9414; tägl. 9–16.30 Uhr

Dieser Regenwald mit mächtigen, bis zu 600 Jahre alten Douglasien liegt 19 Kilometer von Victoria entfernt. Bevor Ende der 1850er Jahre Goldsucher die Gegend überrannten, lagen hier die Fischgründe der Küsten-Salish. Die Lachswanderung am Goldstream River lockt im Herbst Hunderte Weißkopfseeadler an. Ein fünfminütiger Fußmarsch führt zum 48 Meter hohen Wasserfall des Parks.

5 Cowichan Valley

Karte D5

Weine, Cider und feiner Käse locken Feinschmecker in das idyllische, von Wäldern und Feldern geprägte Tal. Der Cowichan Lake, größter See von Vancouver Island, bietet Gelegenheit zum Schwimmen, zum Angeln und zum Kanufahren. Fliegenfischer zieht es an den Cowichan River, der durch ein Naturschutzgebiet fließt.

Duncan, »City of Totems«

Die Stadt im Cowichan Valley, traditionelle Heimat der Cowichan, präsentiert die weltgrößte Freiluftsammlung von Totempfählen. Die imposanten, aus Rotzeder geschnitzten monumentalen Skulpturen zeigen Familienwappen und Symbole aus der Tradition der Küsten-Salish und der Kwakwaka'wakw und verweisen auf bedeutende Ereignisse.

6 Nanaimo

Karte D4 ■ The Bastion: 94 Front St; tägl. 10–16 Uhr (nur im Sommer); Eintritt ■ Nanaimo Museum: 100 Museum Way; Di–Sa 10–16 Uhr (Sommer: tägl.); Eintritt; www.nanaimomuseum.ca

Die Altstadt von Nanaimo stammt aus dem 19. Jahrhundert, als man hier Kohle abbaute. Sehenswert ist u. a. das Court House aus jener Zeit. Spazieren Sie die Hafenpromenade entlang und besuchen Sie das Militärmuseum The Bastion.

7 Strathcona Provincial Park

Karte B4 ■ www.bcparks.ca

Im Inneren Vancouver Islands bietet diese wilde Berglandschaft, schon seit 1911 Naturpark, Wandermöglichkeiten vor der Kulisse schneebedeckter Gipfel – darunter auch der 2200 Meter hohe Golden Hinde, höchster Berg der Vancouver Island Ranges. Am Buttle Lake, dem größten See des Parks, kann man sein Zelt aufschlagen.

8 Butchart Gardens

Karte E5 ■ 800 Benvenuto Ave, Brentwood Bay ■ +1-250-652-4422 ■ März, Okt: tägl. 9–16 Uhr; Apr–Sep: tägl. 9–17 Uhr ■ Eintritt ■ www.butchartgardens.com

Die vielfältige Pracht der vor über 100 Jahren in einem alten Steinbruch angelegten Gärten fasziniert jeden Besucher *(siehe S. 48)*.

Butchart Gardens

9 Victoria

Die Hauptstadt von British Columbia lockt historisch und kulturell Interessierte mit Sehenswürdigkeiten wie Royal BC Museum, Art Gallery of Greater Victoria und Emily Carr House. Hinzu kommen der reizvolle Inner Harbour, eine schöne alte Chinatown und hübsche Parks und Gärten. In den Gewässern vor Victoria kann man Wale beobachten, für weitere Ausflüge in die Natur ist die Stadt mit mildem Klima ein gutes Basislager *(siehe S. 28f)*.

Kajakfahren im Barkley Sound

10 Broken Group Islands

Karte B5

Rund 100 felsige kleine Inseln im Barkley Sound bilden dieses Paradies für Naturfreunde, Kajakfahrer und Taucher. Hier finden sich alte Küstenregenwälder, Strände und Meereshöhlen. Die Wildnis des Archipels erreicht man nur per Boot, am besten im Rahmen organisierter Touren *(siehe S. 114)*.

Spaziergang durch Victoria

Vormittags

Der Tag beginnt mit dem Besuch im **Maritime Museum of British Columbia** *(siehe S. 29)*, dann geht es auf der **Government Street**, die schöne Läden säumen, nach Norden. An der Fisgard Street gelangen Sie durch das bunte **Gate of Harmonious Interest** nach **Chinatown** *(siehe S. 29)*. Beim etwa einstündigen Streifzug durch das Viertel kommen Sie auch in die winzige **Fan Tan Alley**. Gehen Sie dann nach Süden zum **Bastion Square**. Hier, im Herzen der Old Town, tranken und randalierten einst die Pelzhändler von Fort Victoria. Stärken Sie sich im Pub **Irish Times** (1200 Government St; +1-250-383-7775) – vielleicht mit leckeren *fish and chips*.

Nachmittags

Sehen Sie ein wenig dem Treiben am **Inner Harbour** *(siehe S. 28)* zu, bevor es zum Ende des Hafens geht, wo über der Belleville Street die Statue der jungen **Queen Victoria** und die **British Columbia Parliament Buildings** *(siehe S. 28)* warten. Fürs **Royal BC Museum** *(siehe S. 28)* nebenan sollten Sie sich zwei Stunden Zeit nehmen. Vergessen Sie dabei nicht die Totempfähle im **Thunderbird Park** *(siehe S. 30)* und das benachbarte Helmcken House *(siehe S. 31)*. Auf dem Rückweg zum Hafen sollten Sie einen Blick in die Lobby des imposanten **Fairmont Empress** *(siehe S. 28)* werfen. Dann haben Sie sich einen entspannten Drink und ein Abendessen im **Red Fish Blue Fish** *(siehe S. 99)* verdient.

Siehe Karte S. 92f

Outdoor-Aktivitäten

1 Klettern

Strathcona Park Lodge: 41040 Gold River Hwy, Campbell River; +1-250-286-3122; www.strathconapark-lodge.com

Touren im Strathcona Provincial Park *(siehe S. 94)* bringen Kletterer auf dreierlei Felsen und bieten Blick über den Upper Campbell Lake.

2 Angeln

Wem Fliegenfischen zu wenig Action bietet, der kann nahe der »Lachs-Hauptstadt« Campbell River im gleichnamigen Fluss Lachse angeln. Saison dafür ist Februar/März.

3 Wandern

Im Sommer zieht es Wanderer auf den West Coast Trail *(siehe S. 33)*. Kürzer, aber landschaftlich nicht weniger schön sind Wild Pacific Trail, Rainforest Trail und Juan de Fuca Marine Trail.

4 Skifahren

Mount Washington Alpine Resort: www.mountwashington.ca

Mount Washington bietet besten Pulverschnee für Ski-, Snowboard- und Schlittenfahrer.

5 Camping

Campingplätze finden sich auf ganz Vancouver Island samt den Gulf Islands – Listen bietet Destination BC *(siehe S. 115)*.

Camping im Schnee

Kajakfahrer in der Strait of Georgia

6 Kajak- & Kanufahren

Ocean River Sports: +1-250-381-4233; www.oceanriver.com

Rund um die Broken Group Islands, im Clayoquot Sound, bei den Gulf Islands und vor Nanaimo kann man im Meer paddeln, wer Seen bevorzugt, fährt an Elk oder Beaver Lake. Ausrüstung bietet Ocean River Sports.

7 Tauchen

Sink or Swim Scuba: +1-250-758-7946; www.scubananaimo.ca

Beliebte Tauchspots sind Barkley Sound, Browning Wall, Discovery und die Wracks vor Nanaimo. Die beste Sicht hat man im Winter. Sink or Swim Scuba bietet sowohl Equipment als auch PADI-Kurse an.

8 Radfahren

Die Möglichkeiten reichen von gemütlichen Fahrten durch Victoria bis zu kernigen Mountainbiketouren im Comox Valley. Der Tree to Sea Loop (ca. 1000 km) ist ein Erlebnis.

9 Surfen

Pacific Surf School: +1-250-725-2155 ▪ Surf Sister Surf School: +1-250-725-4456

Die wilde Pazifikküste lockt Surfer nach Vancouver Island, vor allem nach Tofino und zum Long Beach. Für Anfänger eignet sich Chesterman Beach.

10 Walbeobachtung

Zwergwale sieht man rund ums Jahr, von April bis Oktober auch hier heimische Orcas. In Mai/Juni und September/Oktober ziehen Buckelwale, im Mai zudem Grauwale *(siehe S. 32)* an der Küste vorbei.

Restaurants & Cafés auf der Insel

1 1909 Kitchen

634 Campbell St, Tofino ▪ +1-844-680-4184 ▪ $$

Von dem charmanten Restaurant blickt man hinunter zum Yachthafen. Auf der Speisekarte findet man Seafood und Pizza aus dem Holzofen.

2 Nori Japanese Restaurant

6750 Island Hwy, Unit 203, Nanaimo ▪ +1-250-751-3377 ▪ $

Stören Sie sich nicht an der Lage direkt am Highway – das preisgekrönte Restaurant bietet das beste Sushi und Sashimi der Gegend.

Dinner mit Ausblick in The Pointe Restaurant

3 The Pointe Restaurant

Wickaninnish Inn, 500 Osprey Ln, Tofino ▪ +1-250-725-3106 ▪ $$$

Hier locken Blick auf den Pazifik und gutes Essen wie das von tollen Weinen begleitete Degustationsmenü.

4 Bee's Knees Café

3200 Island Hwy N, Nanaimo ▪ +1-250-591-5250 ▪ abends, So geschl. ▪ $

Die Karte des behaglichen Cafés ist klein und wechselt täglich – großartigen Kaffee gibt es aber immer.

5 Zoe's Bakery & Café

250 Main St, Ucluelet ▪ +1-250-726-2253 ▪ abends geschl. ▪ $

Einheimische und Besucher lieben die Snacks der Vollwertbäckerei, die auch köstliche Sandwiches und Reis-Bowls serviert.

Preiskategorien

Preis für ein Drei-Gänge-Menü pro Person mit einer halben Flasche Wein, inkl. Steuern und Service.

$ unter 35 $ **$$** 35–85 $ **$$$** über 85 $

6 Blackfin Pub

132 Port Augusta St, Comox ▪ +1-250-339-5030 ▪ $$

Das gemütliche Pub mit Blick auf den Yachthafen bietet im Sommer eine große Terrasse, im Winter Tische am Kamin. Probieren Sie Beef Yorkshire, *fish and chips* oder den Austernburger.

7 Pluvio

1714 Peninsula Rd, Ucluelet ▪ +1-250-726-7001 ▪ $$

In dem edlen Restaurant mit Weinbar-Flair warten köstliches Seafood und andere perfekt zubereitete Gerichte der Saison.

8 Common Loaf Bake Shop

180 First St, Tofino ▪ +1-250-725-3915 ▪ $

Der unkonventionelle Laden mit Café versorgt Tofino nun schon seit Jahren mit handwerklich toll gemachten Backwaren und Snacks.

9 Gabriel's Gourmet Café

39A Commercial St, Nanaimo ▪ +1-250-714-0271 ▪ $

Im Herzen von Nanaimo serviert Gabriel leckere Gerichte, bei deren Zutaten genau auf die Herkunft geachtet wird. Der beliebte Brunch ist bis 15 Uhr zu haben.

10 Chocolate Tofino

1180A Pacific Rim Hwy, Tofino ▪ +1-250-725-2526

Schokolade, Eiscreme und Sorbet werden in dem kleinen Laden noch von Hand gemacht – man kann dabei zusehen. Im Sommer bilden sich vor der Eistheke lange Schlangen.

Siehe Karte S. 92f

Shopping in Victoria

Antiquitäten in der Fort Street

1 »Antique Row«

Karte Q3 ■ Fort Street zwischen Douglas & Cook Street

In der oberen Fort Street bietet eine Reihe von Antiquitätenläden schöne Stücke aus Silber, Glas oder Porzellan sowie Möbel und Schmuck.

2 WIN Pandora

Karte Q2 ■ 785 Pandora Ave ■ +1-250-480-4006

Victorias Kooperative »Women In Need« betreibt mehrere Secondhandläden – Pandora führt schöne Vintage-Mode und Accessoires.

3 Bernstein & Gold

Karte P2 ■ 608 Yates St ■ +1-250-384-7899

Wer edle Heimtextilien, Schmuck, Lederwaren, Schuhe oder auch Körperpflegeprodukte sucht, ist in der Lifestyle-Boutique mit Spa richtig.

4 Silk Road Tea

Karte P1 ■ 1624 Government St ■ +1-250-382-0006

Der Laden des Silk Road Spa *(siehe S. 44)* bietet neben Tee, der hier probiert werden kann, natürliche Pflegeprodukte aus eigener Herstellung.

5 Paboom

Karte P2 ■ 1437 Store St ■ +1-250-380-0020

Ein preisgünstiges Geschäft für moderne Wohnkultur und einzigartige Geschenke.

6 Rogers' Chocolates

Karte P3 ■ 913 Government St ■ +1-250-881-8771

Hier werden Bonbons aus fair gehandeltem Kakao hergestellt. Die Dosen wurden von Künstlern entworfen.

7 Fan Tan Home & Style

Karte P1 ■ 541 Fisgard St ■ +1-250-382-4424

Das Sortiment – Matten, Körbe, Textilien und allerlei Kunstobjekte – stammt aus aller Welt, insbesondere aus Indonesien, Indien, China und Frankreich.

8 Violette Boutique

Karte P2 ■ 560 Johnson St ■ +1-250-388-7752

Der Laden im Stil Pariser Schmuckboutiquen führt zierliche und klobige Stücke von kanadischen Designern.

9 Capital Iron

Karte E6 ■ 1900 Store St ■ +1-250-385-9703

Der 1934 als Eisenwarengeschäft gegründete Laden führt heute vor allem großartigen Outdoor-Bedarf.

10 Munro's Books

Karte P2 ■ 1108 Government St ■ +1-250-382-2464

Der fantastische Buchladen wurde von Jim und Alice Munro – Literaturnobelpreisträgerin – gegründet.

Munro's Books

Restaurants & Cafés in Victoria

1 Fairmont Empress

Karte P4 ■ 721 Government St ■ +1-250-389-2727 ■ $$

Das Q in Victorias führendem Grandhotel *(siehe S. 28)* serviert exquisite Westküstenküche der Saison, in der Lobby gibt es Nachmittagstee.

Im Hotel Fairmont Empress

2 Bear & Joey

Karte E6 ■ 1025 Cook St ■ +1-250-590-9193 ■ abends geschl. ■ $

Auf der Karte des sehr gemütlich gestalteten Cafés finden sich vegetarische Köstlichkeiten wie Avocado-Toast und Kichererbsensalat. Dazu schmecken Bio-Säfte.

3 Spinnakers Gastro Brewpub

Karte E6 ■ 308 Catherine St ■ +1-250-386-2739 ■ $$

Kanadas ältestes lizenziertes Pub serviert geräucherte Köstlichkeiten, die prima zum Bier passen.

4 Canoe

Karte N1 ■ 450 Swift St ■ +1-250-361-1940 ■ $$

Ein Haus von 1894 direkt am Wasser birgt das nette Lokal mit Terrasse, das für seine Speisen regionale und biologische Erzeugnisse nutzt.

Preiskategorien

Preis für ein Drei-Gänge-Menü pro Person mit einer halben Flasche Wein, inkl. Steuern und Service.

$ unter 35 $ **$$** 35–85 $ **$$$** über 85 $

5 Brasserie L'École

Karte P1 ■ 1715 Government St ■ +1-250-475-6260 ■ mittags, So, Mo geschl. ■ $$$

Die Zutaten für echte Bistroklassiker wie *moules frites* oder Lammkeule stammen allesamt aus der Region.

6 Red Fish Blue Fish

Karte N3 ■ 1006 Wharf St ■ +1-250-298-6877 ■ Winter geschl. ■ $

In einem alten Schiffscontainer am Inner Harbour bietet dieses Lokal im Kantinenstil leckeren Fisch und Seafood aus nachhaltigem Fang.

7 Il Terrazzo

Karte P2 ■ 555 Johnson St ■ +1-250-361-0028 ■ $$

Die hervorragenden norditalienischen Gerichte – Fleisch, Seafood, Holzofenpizzas und Pasta – werden auch im überdachten und beheizten Hof serviert.

8 Pagliacci's

Karte P3 ■ 1011 Broad St ■ +1-250-386-1662 ■ $$

Linguine, Fettuccine und Lasagne sind echt lecker, doch der eigentliche Renner ist hier das Brot.

9 Noodlebox

Karte P3 ■ 818 Douglas St ■ +1-250-384-1314 ■ $

Die großen Portionen Nudeln oder Reis nach südostasiatischer Art gibt es in fünf Schärfegraden – und zum Mitnehmen in hübschen Schachteln.

10 Wildfire Bakery

Karte E6 ■ 1517 Quadra St ■ +1-250-381-3473 ■ $

Diese familiengeführte Biobäckerei mit Café hat gutes Brot, köstliches Feingebäck und vollwertige Snacks.

Siehe Karte S. 92f

TOP 10 Abstecher

Exponat im Museum of Anthropology an der UBC

Vancouvers Umland fasziniert mit grandiosen Landschaften und breitem Freizeitangebot. Nicht zuletzt deshalb zählt die Metropole zu den Städten mit besonders hoher Lebensqualität. Die Skipisten und Golfplätze von Whistler sind nur etwa zwei Stunden entfernt, schöne Regenwälder sind im Pacific Spirit Regional Park und im Capilano Suspension Bridge Park in North Vancouver zu erkunden. Orte wie Squamish oder Brackendale locken mit vielfältigen Wandermöglichkeiten in fantastischer Landschaft. An der Küste haben sich kleine Ortschaften wie das alte Fischerdorf Steveston ihre Geschichte und ihr traditionelles Flair bewahrt.

Blackcomb Peak und Harmony Lake in Whistler

1 Whistler

Der beliebte Ferienort zu Füßen der beiden Berge Whistler Mountain und Blackcomb Peak zieht nicht nur Skifahrer an. Rund ums Jahr kann man aus den Seilbahnen und Sesselliften die Aussicht auf Dörfer, Berge und Täler genießen. Der Valley Trail lädt zu Radtouren und Spaziergängen ein *(siehe S. 34f)*.

2 Grouse Mountain

Karte F3 ■ 6400 Nancy Greene Way, North Vancouver ■ +1-604-980-9311 ■ Eintritt (inkl. Seilbahn) ■ www.grousemountain.com

Das Resort auf Vancouvers »Hausberg« erreicht man per Seilbahn oder zu Fuß über steile Anstiege. Oben genießt man die Aussicht, unternimmt eine rasante Fahrt mit der Zipline oder beobachtet die Tierwelt. Im Winter kommen Skifahrer her.

3 West Vancouver

Karte B1

Beliebte Ziele in der Region sind Cypress Provincial Park *(siehe S. 104)*, Lighthouse Park *(siehe S. 47)* und Horseshoe Bay, wo ein Uferpark zwei Totempfähle birgt. Hier legen Fähren von BC Ferries *(siehe S. 110)* nach Nanaimo, Bowen Island und zur Sunshine Coast ab. Der Spazierweg Centennial Seawall führt vom Ambleside Park bis zum hübschen Dorf Dundarave.

Point Atkinson Lighthouse, Lighthouse Park

Gulf of Georgia Cannery am Fraser River, Steveston

4 Steveston

Karte B3 ■ Gulf of Georgia Cannery: 12138 4th Ave; +1-604-664-9009; tägl. 10–17 Uhr; Eintritt

Das Dorf entstand für Arbeiter der 15 Lachskonservenfabriken, die hier einst ansässig waren. In der Gulf of Georgia Cannery, einem denkmalgeschützten Gebäude von 1894, das auf Pfählen im Fraser River steht, wird die Ortsgeschichte dokumentiert. Im alten Kühlhaus wartet ein Erlebnisbereich für Kinder.

5 North Vancouver

Karte B1 ■ Lynn Canyon Park: Ende Peters Road, Lynn Valley; +1-604-990-3755 (Ecology Centre); www.lynncanyon.ca

In der betriebsamen Stadt an der Nordküste des Burrard Inlet leben rund 53 000 Menschen. Mit dem SeaBus gelangt man über die Bucht zum Lonsdale Quay, wo ein schöner Markt frische Erzeugnisse aus der Region anbietet. Im Lynn Canyon Park führt eine 50 Meter hohe Hängebrücke über den Lynn Creek – hier sind 40 Moosarten und hundertjährige Douglasien zu sehen. Das dortige Ecology Centre bietet Informationen zum Park, Ausstellungen und einen Geschenkladen.

Mekka der Adler

Fast die Hälfte aller Weißkopfseeadler der Welt lebt in British Columbia, Tausende überwintern in Brackendale. 1985 wurden die Adler am Squamish River erstmals gezählt und 500 Vögel verzeichnet. Heute erfasst man jedes Jahr etwa 600 bis 900 Adler – am besten sieht man sie im Januar während des alljährlichen Brackendale Winter Eagle Festival.

6 Squamish

Karte E3

»Squamish« ist ein Wort der Küsten-Salish und bedeutet »Mutter des Windes«. Der Name passt zu dem Ort, der mehr und mehr Outdoor-Fans anzieht. Kletterer suchen ihre Herausforderung am Granitfelsen Stawamus Chief, Windsurfer gleiten über den Squamish River und Naturfreunde zelten im Garibaldi Provincial Park und in anderen Parks der Gegend.

Windsurfen in Squamish

7 Capilano Suspension Bridge Park

Die 70 Meter hohe Hängebrücke, Herzstück des Parks in North Vancouver, führt seit 1889 über den Fluss Capilano *(siehe S. 16f)*.

8 Brackendale

Karte E2

Der Ort ist bekannt für die Weißkopfseeadler, die hier im rund acht Quadratkilometer großen Brackendale Eagles Provincial Park überwintern, doch die Lage am Squamish River macht ihn auch bei Raftern und Kanufahrern beliebt.

Junger Weißkopfseeadler, Brackendale

9 Richmond

Karte B3 ■ Night Market: Mitte Mai – Sep: Fr – So 19 – 24 Uhr; Eintritt; www.richmondnightmarket.com

BCs viertgrößte Stadt beheimatet Vancouvers Flughafen und gilt als multikulturelle Feinschmeckerhochburg. Richmond Night Market und International Buddhist Temple *(siehe S. 63)* lohnen einen Besuch.

10 University of British Columbia (UBC)

Karte A2 ■ +1-604-822-3313 ■ Botanical Garden: Apr – Okt: tägl. 10 – 16.30 Uhr; Eintritt; www.botanicalgarden.ubc.ca ■ www.ubc.ca

Auf dem Campus der ältesten Universität der Provinz finden sich alte und moderne Gebäude in schönen Parkanlagen, der UBC Botanical Garden mit dem Nitobe Memorial Garden und nicht zuletzt das Museum of Anthropology *(siehe S. 18f)*.

Tagestour

Vormittags

Von **Vancouver** aus geht es auf dem Sea-to-Sky Highway (Hwy 99) nach Norden. In **Britannia Beach** lohnen sich ein Halt und der Besuch des Bergwerkmuseums. Nur sieben Kilometer weiter können Sie von einem Highwayparkplatz aus einen zehnminütigen Spaziergang zu den **Shannon Falls**, den mit 335 Metern dritthöchsten Wasserfällen British Columbias, machen. Von hier ist es auch nicht weit zur **Sea-to-Sky Gondola**, die Sie bei atemberaubendem Blick auf Howe Sound und Squamish Valley auf 885 Meter Höhe bringt. Oben warten Wanderwege, eine Hängebrücke und die Summit Lodge (+1-604-892-2550) für ein Mittagessen.

Nachmittags

Nach dem Essen fahren Sie weiter gen Norden. Hinter **Squamish** befinden sich in Abständen fünf Parkplätze, die Zugang zum **Garibaldi Provincial Park** bieten; wer zum für sein türkisblaues Wasser bekannten **Garibaldi Lake** will, wählt den zweiten Parkzugang. Noch ein kleines Stück Fahrt, und Sie sind in **Whistler**, wo Whistler Mountain und Blackcomb Peak für herrliches Panorama und für hervorragende Wintersportmöglichkeiten sorgen. Gehen Sie spazieren, spielen Sie Golf, besuchen Sie das **Scandinave Spa Whistler** *(siehe S. 45)* oder vertreiben Sie sich anderweitig den Nachmittag, bis es Zeit ist fürs Abendessen, z. B. bei **Basalt Wine and Salumeria** *(siehe S. 107)*.

Siehe Karte S. 100f

Grüne Oasen

1 Lighthouse Park

Karte A1 ■ Marine Drive, Höhe Beacon Lane, West Vancouver ■ +1-604-925-7275 ■ www.westvancouver.ca

Riesenfarne und gewaltige Felsen prägen den Park, wo Pfade durch Reste von Regenwald verlaufen.

2 Pacific Spirit Regional Park

Karte A2 ■ W 16th Ave, Höhe Blanca Street ■ +1-604-224-5739 ■ www.metrovancouver.org

In dem riesigen Park bei der UBC führen 70 Kilometer Wegenetz durch Regenwald *(siehe S. 44)*.

3 VanDusen Botanical Garden

Karte B2 ■ 5151 Oak St ■ +1-604-257-8463 ■ tägl. 10–15 Uhr (Apr–Sep: 9–18 Uhr, Juni–Aug bis 20 Uhr) ■ Eintritt ■ www.vandusengarden.org

Der weltberühmte Garten bezaubert rund ums Jahr und birgt reizvolle stille Ecken *(siehe S. 45)*.

4 Cypress Provincial Park

Karte E3 ■ Ende Cypress Bowl Road, West Vancouver ■ +1-604-926-5612 ■ www.bcparks.ca

Vom Cypress Mountain – auch Skigebiet – sieht man den Mount Baker im US-Bundesstaat Washington.

5 Queen Elizabeth Park

Karte B2 ■ Cambie Street, Höhe W 33rd Ave ■ +1-604-873-7000 ■ www.vancouver.ca

Der Park birgt den höchsten Punkt der Stadt (152 m), schöne Gärten und ein Gewächshaus *(siehe S. 49)*.

6 Boundary Bay Regional Park

Karte F4 ■ Boundary Bay Road, Tsawwassen ■ +1-604-520-6442 ■ www.metrovancouver.org

Der Uferpark lockt das ganze Jahr Strandgutsammler, Vogelbeobachter und Reiter an.

7 Mount Seymour Provincial Park

Karte C1 ■ 1700 Mt Seymour Rd, North Vancouver ■ +1-604-986-2261 ■ www.bcparks.ca

Im Winter freuen sich Skifahrer an den sanften Hängen, im Sommer genießen Wanderer die Aussicht.

8 George C. Reifel Migratory Bird Sanctuary

Karte E4 ■ 5191 Robertson Rd ■ +1-604-946-6980 ■ tägl. 9–16 Uhr ■ Eintritt ■ www.reifelbirdsanctuary.com

60 000 Vögel zieht es in das Feuchtgebiet auf Westham Island, wo Plattformen Besuchern gute Sicht bieten.

9 West Dyke Trail

Karte A3 ■ Richmond ■ www.richmond.ca/parks/trails

Von dem 5,5 Kilometer langen Weg sieht man das Vogelschutzgebiet Sturgeon Bank vor Sea Island, das jährlich 1,4 Millionen Vögel anlockt.

10 Deer Lake Park

Karte C2 ■ Canada Way, Burnaby ■ +1-604-294-7450 ■ www.burnaby.ca

Waldleben, Plankenwege, Spiel- und Picknickplätze, Kunstzentren, ein Freiluftmuseum und ein Restaurant warten in diesem schönen Park.

Gewächshaus im Queen Elizabeth Park

Sportliche Erlebnisse

Mountainbiken in Squamish

1 Mountainbiken

Mountain Biking BC: www.mountainbikingbc.ca

Der 150 Kilometer lange Sea to Sky Trail führt von Squamish bis nach D'Arcy. Weitere Vorschläge und Karten gibt es bei Mountain Biking BC.

2 Heli-Skiing & -Snowboarding

Whistler Heli-Skiing: +1-604-905-3337; www.whistlerblackcomb.com

Lassen Sie sich zu unberührtem Pulverschnee abseits der Whistler-Blackcomb-Pisten fliegen.

3 Kajaktouren

West Coast Expeditions: +1-250-338-2511; www.westcoastexpeditions.com

Nehmen Sie an einer mehrtägigen Kajaktour (für alle Niveaus) teil.

4 Gleitschirmfliegen

iParaglide: www.iparaglide.com

Beim Tandemflug mit zertifizierten Profis erreicht man dank der Küstenwinde atemberaubende Höhen.

5 Klettern

Squamish Rock Guides: +1-604-892-7816; www.squamishrockguides.com

Der 652 Meter hohe Stawamus Chief in Squamish, einem der Top-Klettergebiete Nordamerikas, fordert Mut.

6 Windsurfen

Squamish Windsports Society: www.squamishwindsports.com

In der Squamish-River-Mündung am Howe Sound erreicht der Nordwind bis zu 130 km/h. Es gibt hier einen Segelpark, der eine Gebühr erhebt, dafür aber Rettungsdienst bietet.

7 Tauchen

Diving Locker: +1-604-736-2681; www.divinglocker.ca

Die Tauchreviere im Howe Sound bergen künstliche Riffe und außergewöhnliche geologische Formationen. Bei Diving Locker sind Charter, Lehrer und Ausrüstung zu haben.

8 Rafting

Hyak River Rafting: +1-604-734-8622; www.hyak.com

Mit seinen Stromschnellen eignet sich der Chilliwack River hervorragend zum Rafting. Halten Sie zum Mittagessen an einem Wasserfall an.

Paddeln auf einem See

9 Fallschirmspringen

Abbotsford Skydive Center: +1-604-327-5867; www.vancouver-skydiving.bc.ca

Der Blick aus 1000 Metern auf das Fraser Valley ist eindrucksvoll – das Skydive Center in Abbotsford bietet auch Anfängern die Gelegenheit.

10 Gletscherskifahren

Horstman Glacier: +1-604-967-8950; www.whistlerblackcomb.com

Der Horstman Glacier am Blackcomb Peak *(siehe S. 34)* bietet rund ums Jahr 45 Hektar Skivergnügen.

Siehe Karte S. 100f

Wanderungen

1 Tunnel Bluffs

Karte E3

Die Route (8,5 km) mit Start am Tunnel Point verläuft über Forststraßen und steile Pfade. Die Aussicht vom Howe Sound unterwegs ist grandios.

2 Dog Mountain

Karte F3 ■ www.metrovancouver.org

Der Rundwanderweg (5 km) im Seymour Provincial Park eignet sich im Winter für eine Schneeschuhtour. Von oben bietet sich ein schöner Blick auf Vancouver.

3 Quarry Rock

Karte F3 ■ www.lynncanyon.ca

Der einfache Weg (4 km) führt über Holztreppen und Brücken durch dichte Wälder. Er endet auf einem Felsvorsprung mit unglaublicher Aussicht auf Deep Cove.

4 Cypress Falls

Karte E3 ■ www.westvancouver.ca

Die Rundwanderung (3 km) durch den Cypress Fall Park verläuft durch Regenwälder. Zwei schöne Wasserfälle laden zum Staunen ein.

5 Grouse Grind

Karte E3 ■ www.grousemountain.com

Die steile Tour mit Ausgangspunkt am Fuß des Grouse Mountain eignet sich nur für Geübte – 853 Höhenmeter sind zu überwinden. Nach der Gipfelrast geht es mit der Skyride-Gondel wieder nach unten.

Grouse Grind – Tour durch dichten Wald

Garibaldi Lake mit Bergkulisse

6 Garibaldi Lake

Karte E2 ■ www.env.gov.bc.ca

Der Blick auf den juwelenfarbenen See, der von schneebedeckten Gipfeln umrahmt wird, ist die Mühe der Rundwanderung (18 km) wert.

7 Stawamus Chief

Karte E3 ■ www.explore squamish.com

Die Kletterpassagen bei dieser rund dreistündigen Tour sind gut mit Seilen gesichert. Belohnt wird man mit einem atemberaubenden Blick auf den tiefblauen Howe Sound.

8 Brandywine Falls

Karte E2 ■ www.env.gov.bc.ca

Die Wasserfälle im Brandywine Falls Provincial Park in der Nähe von Whistler erreicht man über einen flachen Weg (1 km).

9 Killarney Lake Loop

Karte E3 ■ www.tourismbowenisland.com

Die einfache Wanderung (4 km) durch Regenwald und zu einem See eignet sich auch für Kinder.

10 Buntzen Lake Loop

Karte F3 ■ www.buntzenlake.ca

Die beliebte vierstündige Tour verläuft überwiegend durch Wald um Buntzen Lake Reservoir.

Restaurants

Preiskategorien

Preis für ein Drei-Gänge-Menü pro Person mit einer halben Flasche Wein, inkl. Steuern und Service.

$ unter 35 $ $$ 35–85 $ $$$ über 85 $

1 Caramba!

Karte F1 ■ 12–4314 Main St, Whistler ■ +1-604-938-1879 ■ $$

Das bei Familien beliebte Restaurant serviert große Pizzas aus dem Holzofen, Calamari und Grillgerichte.

2 Bishop's

Karte B2 ■ 2183 W 4th Ave ■ +1-604-738-2025 ■ mittags, So, Mo geschl. ■ $$$

Küchenchef John Bishop kombiniert Behaglichkeit mit perfektem Service und verwendet für die Westküstengerichte nur regionale Bio-Zutaten.

3 Workshop Vegetarian Café

Karte E3 ■ 296 Pemberton Ave, North Vancouver ■ So geschl. ■ +1-604-973-0163 ■ $

Das Café mit japanischem Flair bietet gesunde Kost. Genießen Sie guten Kaffee mit Kuchen.

4 Salmon House on the Hill

Karte B1 ■ 2229 Folkstone Way, West Vancouver ■ +1-604-926-3212 ■ $$

Spezialität des Restaurants in den North-Shore-Hügeln ist auf Erlenholz geräucherter Lachs.

5 The Galley Patio & Grill

Karte E4 ■ 1300 Discovery St ■ +1-604-222-1331 ■ $

Lassen Sie sich auf der vielleicht schönsten Terrasse in ganz Vancouver zum perfekten Meerblick leckere Pubgerichte und Craft Beer schmecken.

6 Anton's Pasta Bar

Karte C2 ■ 4260 Hastings St, Burnaby ■ +1-604-299-6636 ■ So, Mo geschl. ■ $$

Das Restaurant ist für fantastische wie üppige Pastagerichte bekannt.

7 La Quercia

Karte B2 ■ 3689 W 4th Ave ■ +1-604-676-1007 ■ mittags, So, Mo geschl. ■ $$

Für die tolle italienische Küche und die guten Weine strömen Gäste aus ganz Vancouver her.

8 The Beach House

Karte B1 ■ 150 25th St, West Vancouver ■ +1-604-922-1414 ■ $$

Auf der Terrasse des 1912 erbauten Hauses kann man regionale Küche und verschiedenste Weine genießen.

9 Basalt Wine and Salumeria

Karte F1 ■ 4454 Village Green, Whistler ■ +1-604-962-9011 ■ mittags geschl. ■ $$

Regionale Weine und Schlachtplatten sind Markenzeichen des Lokals.

10 Araxi

Karte F1 ■ 4222 Village Sq, Whistler ■ +1-604-932-4540 ■ $$$

Das Restaurant serviert Austern und Wildlachs für Fischfans, Lammconfit oder Steak für die Fleischliebhaber.

Elegantes Ambiente im Araxi

Siehe Karte S. 100f

Reise-Infos

Sunny Maple Tree Square in Gastown

Anreise & In Vancouver unterwegs	**110**
Praktische Hinweise	**112**
Hotels	**116**
Textregister	**120**
Danksagung, Bildnachweis & Impressum	**126**

Anreise & In Vancouver unterwegs

Anreise mit dem Flugzeug

Der **Vancouver International Airport (YVR)** liegt in Richmond, etwa 15 Kilometer von Downtown entfernt. Internationale Flüge und Inlandsflüge werden am Hauptterminal abgefertigt. Die billigste und zudem schnellste Option, um vom Flughafen in die Innenstadt von Vancouver zu kommen, ist die Schnellbahn Canada Line. (Für die Benutzung dieser Bahn fällt eine YVR AddFare von 5 $ an). Die Canada Line verkehrt von 5 Uhr morgens bis 1 Uhr nachts, die Fahrt ins Zentrum dauert etwa eine halbe Stunde. Auch öffentliche Busse fahren den Flughafen an.

Hotelshuttles holen Gäste vor der Ankunftshalle auf Ebene 2 des Hauptterminals ab. Am Flughafen finden Sie auch Taxis und Schalter von Mietwagenfirmen.

Der **Victoria International Airport (YYJ)** liegt 24 Kilometer nördlich der Stadt und wird von Fernbussen sowie von öffentlichen Bussen (Nr. 87 & 88) bedient. Taxis warten vor der Ankunftshalle. Der **YYJ Airport Shuttle** fährt alle 30 bis 60 Minuten zu den großen Hotels der Stadt. Mietwagenfirmen haben Schalter in der Ankunftshalle.

Anreise mit dem Schiff

Kreuzfahrtschiffe legen am Canada Place an *(siehe S. 15)*. **BC Ferries** verbindet die Stadt mit der nördlichen Westküste und mit Vancouver Island.

Anreise mit dem Zug

Züge fahren die **Pacific Central Station** in Downtown an. Die staatliche Eisenbahngesellschaft Kanadas heißt **VIA Rail** und bedient viele Strecken. **Amtrak Cascades** verbindet Vancouver täglich mit Eugene und Portland in Oregon und mit Seattle in Washington.

Anreise mit dem Bus

Greyhound-Busse aus den USA und die Busse des **BC Ferries Connector** aus Victoria fahren die Pacific Central Station an.

Anreise mit dem Auto

Die Interstate 5 durch den US-Bundesstaat Washington wird an der kanadischen Grenze – hier steht neben der Straße der International Peace Arch – zum Highway 99, der dann nach Vancouver und weiter nach Whistler führt. Halten Sie sich stets an die angegebenen Geschwindigkeitsbegrenzungen. Die Höchstgeschwindigkeit auf Autobahnen in BC beträgt 120 km/h.

Öffentlicher Nahverkehr

Vancouvers Verkehrsgesellschaft **TransLink** betreibt Busse, Schnellbahnen und Fähren. Für die Nutzung benötigt man ein Einzelticket für die entsprechende Tarifzone (3,05/4,35/5,90 $), das 90 Minuten gültig ist, oder – etwas günstiger – eine wiederaufladbare Compass Card. Bei mehreren Fahrten an einem Tag ist ein Tagespass (10,75 $) die sinnvolle Option.

Kinder unter zwölf Jahren fahren kostenlos mit. Ab 18.30 Uhr und an Wochenenden gilt überall Ein-Zonen-Tarif.

TransLink-Busse bedienen Vancouver samt Großraum. Wer ohne Ticket einsteigt, muss das Fahrgeld passend haben, da der Fahrer nicht wechselt, und kann anschließend nicht SkyTrain oder SeaBus nutzen.

Vancouvers SkyTrain verkehrt – vorwiegend oberirdisch – auf drei Linien. Dies sind Expo Line, Millennium Line und Canada Line. Letztere verbindet das Stadtzentrum mit dem Flughafen.

Der SeaBus ist ein Katamaran, der Fahrgäste in nur zwölf Minuten von der Waterfront nach North Vancouver bringt.

Den Nahverkehr auf Vancouver Island besorgt **BC Transit**. In Victoria gibt es zwei Tarifzonen, auch dort fahren Kinder unter zwölf Jahren gratis.

Fähren

BC Ferries verbinden Vancouver mit Nanaimo, den Gulf Islands und Victoria. Ausflugsboote legen vielerorts an, Infos bietet die Website von **Ahoy British Columbia**.

Wasserflugzeuge

Mit den Fliegern von **Harbour Air** ist man in nur 30 Minuten auf Vancouver Island (Victoria oder Nanaimo), es sind aber auch Flüge nach Whistler oder Rundflüge zu haben.

Taxis

Im Zentrum von Vancouver kann man jederzeit ein Taxi heranwinken. Im Großraum und auf Vancouver Island bestellen Sie Taxis telefonisch oder per App. In Vicotria wenden Sie sich an **Bluebird Cabs**.

Autofahren

Mietwagenfirmen gibt es hier viele, renommiert sind z. B. **Avis**, **Hertz** und **Budget**. Versicherungsschutz ist in BC obligatorisch. Einige Kreditkarten umfassen eine Autoversicherung, prüfen Sie also Ihren Vertrag, bevor Sie etwas abschließen.

Ortsfremde benötigen gute Karten oder GPS – vor allem in Vancouver. Die Highways 1 und 99 sind zu Stoßzeiten oft verstopft; es gibt keine Citytangenten. In Downtown ist ein Stück der Granville Street für den Privatverkehr gesperrt, folgen Sie dort der Beschilderung durch die Nebenstraßen.

Sofern es kein Schild verbietet, ist in BC das Rechtsabbiegen an roten Ampeln erlaubt.

Radfahren

Für kurze Fahrten in Vancouver empfiehlt sich das öffentliche Leihsystem **Mobi**, für das man sich online registriert und das unzählige Stationen bietet. Wer längere Ausflüge plant, wendet sich besser an stationäre Anbieter wie etwa **Spokes Bicycle Rentals**.

Neben den allgemeinen Verkehrsregeln gilt für Radler in BC Helmpflicht. In SkyTrain und SeaBus sind Fahrräder erlaubt, nur nicht zur Hauptverkehrszeit. Busse haben auf vielen Linien Fahrradständer, auch in Victoria.

Zu Fuß gehen

Vancouvers Zentrum erkundet man am besten zu Fuß. Von Verkehr nahezu ungestörte Spaziergänge erlauben der Seawall *(siehe S. 62)* an der English Bay und der Seawalk am False Creek *(siehe S. 85)*. In Victoria genießt man beim Schlendern entlang dem Inner Harbour *(siehe S. 28)* den Blick auf schöne alte Gebäude.

Flugreisen

Vancouver International Airport (YVR)
+1-604-207-7077
yvr.ca

Victoria International Airport (YYJ)
+1-250-953-7500
victoriaairport.com

YYJ Airport Shuttle
yyjairportshuttle.com

Zugreisen

Pacific Central Station
1150 Station St
(Karte M5)
+1-888-842-7245

VIA Rail
+1-888-842-7245
viarail.ca

Amtrak Cascades
+1-800-872-7245
amtrakcascades.com

Busreisen

BC Ferries Connector
+1-866-986-3466
bcfconnector.com

Greyhound
+1-800-661-8747
greyhound.ca

Öffentlicher Nahverkehr

TransLink
+1-604-953-3333
translink.ca

BC Transit
+1-250-382-6161
bctransit.com

Fähren

BC Ferries
+1-888-223-3779
bcferries.com

Ahoy British Columbia
+1-604-689-5858
ahoybc.com

Wasserflugzeuge

Harbour Air
harbourair.com

Taxis

Bluebird Cabs
+1-250-382-2222
taxicab.com

Mietwagen

Avis
avis.ca

Hertz
hertz.ca

Budget
budget.ca

Fahrradverleih

Mobi
+1-778-655-1800
mobibikes.ca

Spokes Bicycle Rentals
+1-604-688-5141
spokesbicyclerentals.com

Praktische Hinweise

Einreise

EU-Bürger und auch Schweizer dürfen für einen Aufenthalt von bis zu sechs Monaten zu touristischen oder geschäftlichen Zwecken ohne Visum einreisen. Doch wer nach Kanada fliegt oder auch nur im Land zwischenlandet, benötigt eine **eTA** (Electronic Travel Authorization); das gilt auch für Kinder. Diese Einreiseerlaubnis muss online beantragt und per Kreditkarte bezahlt werden (7 $). Die meisten Bewerber erhalten ihre eTA innerhalb weniger Minuten per E-Mail. Die eTA ist mit einem gültigen Reisepass verbunden und gilt maximal fünf Jahre. Bei Einreise per Auto, Bus, Zug oder Schiff ist keine eTA erforderlich, hier genügt ein gültiger Reisepass.

Weitere Informationen zur Einreise bietet die kanadische Regierung unter **Global Affairs Canada**.

Zoll

Zollfrei sind Tabakwaren (Mindestalter 18 Jahre) von bis zu 200 Zigaretten oder 50 Zigarren oder 200 Gramm Tabak sowie alkoholische Getränke (Mindestalter in British Columbia 19 Jahre) in Mengen von 1,1 Liter Spirituosen oder 1,5 Liter Wein oder etwa acht Liter Bier. Nahrungsmittel, landwirtschaftliche Produkte und Pflanzen müssen deklariert werden. Auch Geldbeträge ab dem Wert von 10 000 Kanadischen Dollar sind bei der Einreise anzugeben. Die **Canada Border Services Agency** bietet detaillierte Informationen.

Reise- & Sicherheitshinweise

Aufgrund unvorhersehbarer Entwicklungen kann es zu Änderungen und Einschränkungen kommen. Aktuelle Hinweise zur Einreise und Sicherheitshinweise finden Sie beim deutschen **Auswärtigen Amt**, beim **österreichischen Bundesministerium für europäische und internationale Angelegenheiten** oder beim **Eidgenössischen Departement für auswärtige Angelegenheiten der Schweiz** (Weblinks der jeweiligen Vertretungen in Kanada siehe Kasten).

Versicherung

Eine Reiseversicherung, die Gepäckverlust, Diebstahl und Stornierung abdeckt, ist immer ratsam. Da in Kanada jede ärztliche Behandlung sofort bezahlt werden muss, empfiehlt sich die Kombination mit einer Reisekrankenversicherung, die Kosten erstattet und bei Bedarf auch den Rücktransport einschließt.

Gesundheit

Kanada hat ein hervorragend ausgebautes Gesundheitssystem, das der Bevölkerung des Landes eine kostenlose Gesundheitsversorgung ermöglicht. Kanada hat jedoch keine gegenseitigen Gesundheitsabkommen mit anderen Ländern, daher ist der Abschluss einer entsprechenden Versicherung zu überlegen (siehe Versicherung).

Für kleinere Beschwerden können Sie sich an eine Apotheke wenden, die es auch in kleineren Orten in der Umgebung von Vancouver gibt. Dort erhalten Sie Medikamente und medizinische Beratung. Wer ständig Medikamente einnehmen muss, sollte einen entsprechenden Vorrat mitführen. Bei größeren gesundheitlichen Problemen sollten Sie die Ambulanz des nächstgelegenen Krankenhauses aufsuchen.

In Vancouver, Victoria und Whistler ist rund um die Uhr Notfallversorgung geboten, auf dem Land findet man nicht immer gleich einen Arzt. Wer noch mobil ist, sucht eine Notfallambulanz auf wie die im **UBC Hospital** (tägl. 8–22 Uhr), Notaufnahmen gibt es im **Vancouver General Hospital** und – speziell für Kinder – im **BC Children's Hospital**.

Telefonischen Rat bei Gesundheitsfragen erteilt **HealthLink BC**.

Für Kanada-Reisen sind keine Impfungen notwendig, es lauern allerdings gesundheitliche Gefahren, wenn man sich in die Wildnis begibt. Holen Sie Tipps ein für den Umgang mit wilden Tieren wie Pumas oder Bären, Insekten wie Kriebelmücken und Moskitos und gefährlichen Pflanzen wie Giftefeu. Kochen Sie im Zweifel Wasser vor dem Trinken ab.

Rauchen und Alkohol

In British Columbia ist das Rauchen in öffentlichen Verkehrsmitteln sowie in öffentlichen Gebäuden verboten. Die Promillegrenze für Autofahrer liegt bei 0,8.

Ausweispflicht

Sie müssen sich in Kanada jederzeit mit einem entsprechenden Dokument (Personalausweis oder Reisepass) ausweisen können. Es kann durchaus nicht schaden, diese (und alle anderen wichtigen) Dokumente einzuscannen oder Kopien davon mit auf die Reise zu nehmen. Dies erspart im Falle eines Verlusts weitere Unannehmlichkeiten

Persönliche Sicherheit

Vancouver und Vancouver Island sind relativ sichere Reiseziele, aber Kleinkriminalität ist mancherorts auch dort ein Problem. Taschendiebe sind vor allem in touristisch interessanten Gebieten aktiv. Meiden Sie größere Menschenansammlungen und ergreifen Sie am besten die üblichen Vorsichtsmaßnahmen: Legen Sie Wertsachen in den Hotelsafe, auch Kopien von Ausweisen und Kreditkarten. Nehmen Sie an Bargeld nur das Nötigste mit und tragen Sie die Brieftasche am Körper (vor allem nach dem Geldabheben am Automaten). Natürlich sollten Sie auch nichts Wertvolles im Auto lassen.

Meiden Sie nachts Parks und schlecht beleuchtete Gegenden und tragen Sie stets etwas Geld für ein Taxi bei sich. Im Vergnügungsviertel in Downtown geht es mitunter etwas rau zu. Die östliche Gegend um Main und Hastings Street ist als Drogenviertel bekannt. Nehmen Sie nach oder von Chinatown für das Stück Pender Street den Bus oder ein Taxi.

Wenn Ihnen etwas gestohlen wurde, melden Sie dies so schnell wie möglich bei der nächsten Polizeidienststelle. Lassen Sie sich eine Kopie des Protokolls aushändigen, um dieses bei Ihrer Versicherung vorlegen zu können. Wenden Sie sich sofort an Ihr Konsulat, wenn Ihr Reisepass gestohlen wurde oder wenn ein schweres Verbrechen oder ein Unfall vorliegt.

Notfälle

Wählen Sie den **Notruf** 911, falls Sie die Polizei, die Feuerwehr oder einen Notarzt benötigen. In weniger dringenden Fällen kontaktieren Sie je nach Aufenthaltsort die **Vancouver Police**, die **Victoria Police** bzw. eine örtliche Polizeiwache.

Beim Verlust von Ausweispapieren o. Ä. wenden Sie sich an die Vertretung Ihres Landes: Deutschland, Österreich und die Schweiz haben Konsulate in Vancouver (siehe Kasten).

Einreise & Zoll

eTA
W cic.gc.ca/english/visit/eta-facts-de.asp

Global Affairs Canada
W international.gc.ca

Canada Border Services Agency
W cbsa-asfc.gc.ca

Konsulate

Deutsches Generalkonsulat
World Trade Centre, #704, 999 Canada Place (Karte L2)
T +1-604-684-8377
W vancouver.diplo.de

Österreichisches Honorargeneralkonsulat
595 Howe St, #1160 (Karte K3)
T +1-604-687-3338
W bmeia.gv.at

Schweizerisches Generalkonsulat
World Trade Center, #790, 999 Canada Place (Karte L2)
T +1-604-684-2231
W eda.admin.ch/vancouver

Gesundheit

UBC Hospital
2211 Wesbrook Mall (Karte A2)
T +1-604-822-7121
W vch.ca

Vancouver General Hospital
899 W 12th Ave (Karte B2)
T +1-604-875-4111
W vch.ca

BC Children's Hospital
4500 Oak St (Karte B2)
T +1-604-875-2345
W bcchildrens.ca

HealthLink BC
T 811

Notfälle

Notruf
T 911

Vancouver Police
T +1-604-717-3321

Victoria Police
T +1-250-995-7654

Reisende mit besonderen Bedürfnissen

In Vancouver (und größeren Orten der Umgebung) haben Menschen mit eingeschränkter Mobilität oder Wahrnehmung wenig Schwierigkeiten. An Straßenecken sind Gehsteige abgeflacht, öffentliche Gebäude sind barrierefrei zugänglich und haben auch entsprechende Toiletten. Mietwagen mit Handpedalen kosten keinen Aufpreis, müssen nur rechtzeitig reserviert werden.

Die öffentlichen Verkehrsmittel in Vancouver und Umgebung sind für Fahrgäste mit eingeschränkter Mobilität gut zugänglich, eine Begleitperson kann kostenlos mitfahren. Weitere Informationen bieten die Website der **Canadian Transportation Agency (CTA)** und die Regierungswebsite **Access to Travel**. Die **CNIB Foundation** hat viele Tipps und Informationen für blinde und sehbehinderte Reisende.

Zeitzone

British Columbia hat Pacific Standard Time, neun Stunden vor Mitteleuropäischer Zeit (MEZ). Die Sommerzeit beginnt am zweiten Sonntag im März und geht bis zum ersten Sonntag im November.

Geld und Kreditkarten

Der Kanadische Dollar ist unterteilt in 100 Cent. Es gibt Münzen im Wert von 5 (nickel), 10 (dime) und 25 Cent (quarter) sowie 1 (loonie) und 2 (toonie) Dollar und Banknoten im Wert von 5, 10, 20, 50 und 100 Dollar. Banken bieten die besten Wechselkurse. An Geldautomaten (ATMs) kann man mit Kreditkarte (mit PIN) oder Debitkarte mit Maestro-Logo (V Pay funktioniert nicht) rund um die Uhr Dollar abheben. Lehnen Sie die Option »Sofortumrechnung« ab – der Wechselkurs ist schlechter. Kreditkarten von Visa und MasterCard werden in der Regel akzeptiert, American Express und Diners Club mitunter nicht. Verlorene Karten sollten Sie umgehend sperren lassen.

Strom

Die Stromspannung beträgt in Kanada 120 Volt/60 Hz. 230-Volt-Geräte erfordern meist einen Spannungswandler, den es – wie auch den Steckdosenadapter mit zwei Flachstiften – in Elektroläden und Kaufhäusern oder am Flughafen gibt.

Mobiltelefone und WLAN

Alle europäischen Smartphones funktionieren in Kanada problemlos. Die Nutzung ist jedoch teurer – schalten Sie das Daten-Roaming besser ab. Für günstige Telefonate benötigen Sie eine kanadische SIM-Karte.

Kanadische Mobilfunkprovider bieten Prepaid-Tarife an. Sie müssen also keinen Vertrag bei einem dieser Provider abschließen und bleiben unabhängig. Prepaid-Karten bekommt man auch in vielen Shops.

Fast alle Hotels sowie viele Restaurants, Cafés und Bars bieten ihren Gästen WLAN. An zahlreichen Orten (u. a. am Flughafen, an Bahnhöfen sowie in Bibliotheken) gibt es WLAN-Hotspots.

Post

Postämter und Serviceschalter in Vancouver und auf Vancouver Island werden von **Canada Post** betrieben. Briefmarken können auch in einigen Supermärkten, Drogerien und sogar in Lebensmittelgeschäften gekauft werden. Das Porto für einen Standardbrief oder eine Postkarte nach Europa beträgt 2,71 Dollar.

Wetter

Vancouvers Küstenklima zeigt sich von April bis Oktober von der besten Seite. Von November bis März gibt es immer wieder Regen, es ist aber eine gute Zeit für die Walbeobachtung. In der Stadt und an der Küste fällt das Thermometer nur selten unter null Grad, in den Bergen kann es deutlich kälter werden. In Whistler fallen jährlich an die zwölf Meter Schnee.

Öffnungszeiten

Läden öffnen ihre Türen meist montags bis samstags von 10 bis 18 Uhr (Do auch länger). Kaufhäuser und Filialen in Shoppingmalls schließen oft erst um 21 Uhr und haben auch sonntagnachmittags geöffnet.

An Feiertagen wie Weihnachten, Neujahr, Canada Day (1. Juli), Labour Day (erster Mo im Sep), Thanksgiving (zweiter Mo im Okt) und am

25. Dez bleiben fast alle Läden geschlossen.

Einige Attraktionen sind montags geschlossen, wenn sie an Feiertagen zugänglich sind, dann oft mit verkürzten Öffnungszeiten.

Information

Fremdenverkehrsämter wie Tourism Vancouver *(siehe S. 15)*, **Tourism Victoria**, **Vancouver Island Travel** und **Destination BC** betreiben nicht nur ihre jeweiligen Besucherbüros, sondern überaus nützliche Websites, auf denen man sich schon vor dem Urlaub über das Reiseziel informieren kann. Dies gilt auch für die Website der **City of Vancouver**.

Eine überaus hilfreiche App ist **what3words**. Bei ihr ist die Erdoberfläche in Quadrate mit einer Seitenlänge von drei Metern unterteilt. Diese genaue Bestimmung des jeweiligen Standorts ist ideal, wenn man in abgelegenen Gebieten unterwegs ist.

Touren

Bei Spaziergängen unter der Führung ortskundiger Profis lernt man Städte am besten kennen. Also schließen Sie sich **Tours by Locals** an, erkunden Sie Vancouvers Chinatown mit Experten vom Chinese Cultural Centre *(siehe S. 40)*, erleben Sie mit **Forbidden Vancouver** u. a. die Zeit der Prohibition und tauchen Sie mit **Discover the Past** in die Geschichte Victorias ein.

Big Bus Victoria bietet saisonal eine Doppeldecker-Hop-on-Hop-off-Tour durch Victoria und einen Shuttle zu den Butchart Gardens *(siehe S. 94)*. **West Coast Sightseeing** organisiert neben Ausflügen und Hop-on-Hop-off-Stadtrundfahrten auch einen täglichen Shuttle nach Whistler.

Etikette

Seien Sie beim Besuch heiliger Stätten respektvoll gegenüber den lokalen Traditionen. Schalten Sie Ihr Mobiltelefon aus, und fotografieren Sie nur, wenn es erlaubt ist.

Steuern

Auf die meisten Verkäufe werden eine Waren- und Dienstleistungssteuer (Goods and Services Tax; GST) in Höhe von 5 Prozent und eine für die Provinz geltende Umsatzsteuer (Provincial Sales Tax; PST) von 7 Prozent erhoben. Es gibt auch zusätzliche Steuern auf Touristenunterkünfte.

Unterkunft

In Vancouver und Umgebung gibt es eine Vielzahl von Unterkünften – von Luxushotels über B&Bs bis hin zu preisgünstigen Hostels. Von Abenteuerurlaubern über Städtereisende bis zu Backpackern – alle finden eine für ihre Ansprüche geeignete Unterkunft. Einen Überblick über das Angebot bietet die Website von **Destination BC**.

Die Hochsaison dauert von April bis Dezember, vor allem für diese Zeit sollten Sie frühzeitig buchen. Die Hotelsteuer beträgt in BC acht Prozent, aber in Vancouver, Whistler, Victoria, Tofino und Ucluelet sind dazu drei Prozent Fremdenverkehrssteuer fällig.

Reisende mit besonderen Bedürfnisssen

Access to Travel
W travel.gc.ca/travelling/health-safety/disabilities

CNIB Foundation
W cnib.ca

Canadian Transportation Agency (CTA)
W otc-cta.gc.ca

Kartenverlust

Allgemeiner Notruf
T 01149-116-116

Post

Canada Post
W canadapost.ca

Information

City of Vancouver
W vancouver.ca

Destination BC
W hellobc.com

Tourism Victoria
W tourismvictoria.com

Vancouver Island Travel
W vancouverisland.travel

what3words
W what3words.com

Touren

Big Bus Victoria
W bigbusvictoria.com

Discover the Past
W discoverthepast.com

Forbidden Vancouver
W forbiddenvancouver.ca

Tours by Locals
W toursbylocals.com

West Coast Sightseeing
W westcoastsightseeing.com

Unterkunft

Destination BC
W hellobc.com

Hotels

Preiskategorien
Preis für ein Doppelzimmer pro Nacht mit Frühstück (falls inkl.), Steuern und Service.

$ unter 150 $ $$ 150–350 $ $$$ über 350 $

Luxus- & Boutiquehotels

St. Regis Hotel
Karte K3 ■ 602 Dunsmuir St ■ +1-604-681-1135 ■ www.stregishotel.com ■ $$
In idealer Lage für Shopping und Clubbing bietet dieses Haus gut ausgestattete Zimmer mit Balkon, großer Badewanne und herrlichem Blick auf Stadt, Hafen und Berge.

The Listel Hotel
Karte J3 ■ 1300 Robson St ■ +1-604-684-8461 ■ www.thelistelhotel.com ■ $$$
Werke hiesiger Künstler zieren die Zimmer des schönen Boutiquehotels. Im Restaurant Forage *(siehe S. 81)* setzt man auf Frische und Nachhaltigkeit, der Brunch ist ein absolutes Muss.

Metropolitan Hotel
Karte K3 ■ 645 Howe St ■ +1-604-687-1122 ■ www.metropolitan.com ■ $$$
Das preisgekrönte Hotel weiß Gäste zu verwöhnen: mit Marmorbädern, europäischen Daunendecken, Pool und Fitnesscenter, Businesseinrichtungen und dem Restaurant Diva at the Met *(siehe S. 81)*.

Opus Vancouver
Karte J5 ■ 322 Davie St ■ +1-604-642-6787 ■ www.opushotel.com ■ $$$
Das schicke Boutiquehotel, ein Trendsetter in Yaletown, birgt eine französische Brasserie und eine stilvolle Bar *(siehe S. 88)*.

Rosewood Hotel Georgia
Karte K3 ■ 801 W Georgia St ■ +1-604-682-5566 ■ www.rosewoodhotels.com ■ $$$
Ein Aufenthalt in dem legendären Haus, 1927 eröffnet und wunderschön restauriert, verspricht wahren Luxus – samt Spa und dem Restaurant Hawksworth *(siehe S. 59)*. An warmen Sommerabenden speist man am besten auf der Terrasse.

Shangri-La Hotel
Karte J3 ■ 1128 W Georgia St ■ +1-604-689-1120 ■ www.shangri-la.com/vancouver ■ $$$
Das Hotel im Herzen von Downtown verfügt über luxuriöse Zimmer, die meisten haben einen Balkon. Die auffallend großen Bäder sind reich mit Marmor ausgestattet.

Wedgewood Hotel
Karte J3 ■ 845 Hornby St ■ +1-604-689-7777 ■ www.wedgewoodhotel.com ■ $$$
Die bekannte Gründerin Eleni Skalbania verstarb 2013, nun führt ihre Tochter das Boutiquehotel mit europäischem Flair. Hier wohnt man sehr angenehm und wohlumsorgt – der Fahrradverleih ist für Gäste gratis.

Westin Bayshore
Karte J2 ■ 1601 Bayshore Dr ■ +1-604-682-3377 ■ www.marriott.com ■ $$$
Das Hotel zwischen Stanley Park und Downtown verbindet die Vorzüge beider Gebiete: Die Nähe zu Natur und Outdoor-Aktivitäten und zum Trubel der City. Nach einem erlebnisreichem Tag bieten die Zimmer behagliche Ruhe.

Business- & Suitenhotels

Best Western Plus Chateau Granville
Karte J4 ■ 1100 Granville St ■ +1-604-669-7070 ■ www.chateaugranville.com ■ $$
Gäste, die auf Preis und Lage achten, schätzen das 15-stöckige Hotel, das vorwiegend Suiten, aber auch ein paar kleinere Standardzimmer im Angebot hat.

The Burrard
Karte J4 ■ 1100 Burrard St ■ +1-604-631-2331 ■ www.theburrard.com ■ $$
Die charmanten Zimmer in diesem Hotel im Retro-Stil sind mit modernen Annehmlichkeiten wie Espressomaschinen und Minikühlschränken ausgestattet. Fahrradverleih, und Mineralwasser stehen den Gästen gratis zur Verfügung.

Residence Inn Vancouver Downtown
Karte J4 ■ 1234 Hornby St ■ +1-604-688-1234 ■ www.marriott.com ■ $$
Die mit Küche und Sitzecke ausgestatteten Suiten des Hotels nahe Yale-

town und den Läden der Davie Street eignen sich gut für längere Aufenthalte. Frühstück ist im Preis inbegriffen; es gibt einen Pool und einen Fitnessraum.

Sunset Inn & Suites

Karte H4 ■ 1111 Burnaby St ■ +1-604-688-2474 ■ www.sunsetinn.com ■ $$

Das Hochhaus im lebhaften West End steht ein wenig abseits der Hauptverkehrsstraße und ist somit relativ ruhig. Es eignet sich für kurze und längere Aufenthalte, hält Parkplätze bereit und bietet auch Frühstück.

Fairmont Waterfront

Karte K2 ■ 900 Canada Pl ■ +1-604-691-1991 ■ www.fairmont.com/waterfront ■ $$$

Zu den Annehmlichkeiten des Hauses, das eine eigene Passage mit dem Vancouver Convention Centre *(siehe S. 14)* verbindet, gehören beheizter Außenpool, Fitnessraum, Dachgarten und Cocktailbar. Zusätzlichen Luxus genießt, wer im »Gold-Bereich« wohnt.

Georgian Court Hotel

Karte L4 ■ 773 Beatty St ■ +1-604-682 5555 ■ www.georgiancourthotelvancouver.com ■ $$$

Die unmittelbare Nähe zu BC Place Stadium und Rogers Arena macht das gut ausgestattete Business- und Freizeithotel bei Sportfans beliebt, die wegen eines Spiels in die Stadt kommen und sich hier über klimatisierte Zimmer, den Fitnessraum mit Infrarot-Sauna und das italienische Restaurant mit Bar freuen.

Pan Pacific Vancouver

Karte L2 ■ 999 Canada Place, #300 ■ +1-604-662-8111 ■ www.panpacific.com ■ $$$

Zimmer und Luxussuiten des Hauses, das wie das Vancouver Convention Centre *(siehe S. 14)* im Komplex des Canada Place liegt und als bestes Kongresshotel in ganz Nordamerika gilt, bieten spektakulären Blick auf die North-Shore-Berge.

Mittelklassehotels

Blue Horizon Hotel

Karte J3 ■ 1225 Robson St ■ +1-604-688-1411 ■ www.bluehorizonhotel.com ■ $$

Alle Zimmer des modernen Hotels erfreuen nicht nur mit fantastischem Blick von Balkonen und aus Panoramafenstern, sondern auch mit netten Annehmlichkeiten wie Kaffeemaschine und Bademäntel.

Century Plaza

Karte J4 ■ 1015 Burrard St ■ +1-604-687-0575 ■ www.century-plaza.com ■ $$

Das Hotel bietet ein tolles Preis-Leistungs-Verhältnis. Besonders beliebt ist das europäisch inspirierte Spa *(siehe S. 49)* samt Dampfbad und großem Pool, es gibt hier aber auch ein schönes Restaurant, eine Kaffeebar und sogar einen Comedyclub.

Granville Island Hotel

Karte H6 ■ 1253 Johnston St ■ +1-604-683-7373 ■ www.granvilleislandhotel.com ■ $$

Hübsche Zimmer mit Deckenbalken, hölzernen Fensterläden und großen Badewannen bieten in dem gemütlichen Hotel auf Granville Island reizvollen Blick auf den False Creek. Das Dockside Restaurant *(siehe S. 88)* liegt im Haus und in der Umgebung gibt es noch viele weitere gute Lokale.

Moda Hotel

Karte K4 ■ 900 Seymour St ■ +1-604-683-4251 ■ www.modahotel.ca ■ $$

Ein Haus aus dem Jahr 1908 birgt das Boutiquehotel, das Alte-Welt-Stil mit modernem Interieur verbindet. Das Preis-Leistungs-Verhältnis ist gut, im Haus finden sich ein italienisches Restaurant, eine Cocktailbar und eine Sportsbar.

Skwachàys Lodge

Karte L4 ■ 31 W Pender St ■ +1-604-687-3589 ■ www.skwachays.com ■ $$

Das Hotel samt Kunstgalerie würdigt indigene Kulturen und hat individuell gestaltete Zimmer. Ein Stockwerk bietet preiswerten Wohnraum für indigene Künstler. Da das Haus im östlichen Downtown an eine etwas rauere Gegend grenzt, empfiehlt es sich, nachts ein Taxi zu nehmen.

The Sylvia Hotel

Karte G2 ■ 1154 Gilford St ■ +1-604-681-9321 ■ www.sylviahotel.com ■ $$

Das West-End-Hotel ist bekannt für seine ungezwungene, aber elegante Atmosphäre und die herrliche Lage an der English Bay. Auch Haustiere sind hier willkommen. Manche Zimmer sind recht klein, aber das Bar-Restaurant mit Blick aufs Wasser ist wirklich toll. Es gibt überdachte Parkplätze.

Bed & Breakfast

Barclay House

Karte H3 ■ 1351 Barclay St ■ +1-604-605-1351 ■ www.barclayhouse.com ■ $$

Das klassische Haus von 1904, ein Dauerfavorit im West End, erfreut Gäste mit geräumigen Suiten, sehr aufmerksamem Service, dreigängigem Frühstück, Begrüßungskekser und kostenlosen Parkplätzen.

English Bay Inn

Karte G2 ■ 1968 Comox St ■ +1-604-683-8002 ■ www.englishbayinn.com ■ $$

In der gemütlichen, mit Antiquitäten versehenen Oase im West End, in der klimatisierte Zimmer mit Bad warten, beginnt der Tag mit einem großen Frühstück am Kamin.

O Canada House

Karte J3 ■ 1114 Barclay St ■ +1-604-688-0555 ■ www.ocanadahouse.com ■ $$

Das hübsche Gasthaus von 1897 zeigt die alte Eleganz des West End – z. B. im Salon mit offenem Kamin. Alle Zimmer haben ein Bad; das leckere Frühstück, ein abendliches Glas Sherry und das Parken sind inklusive.

Vancouver Traveller B&B

Karte E4 ■ 2159 W 21st Ave ■ +1-604-375-6182 ■ www.vancouvertravellerbb.com ■ $$

Das moderne B&B liegt weniger als zehn Fahrminuten von der Innenstadt von Vancouver entfernt. Die Zimmer haben Hartholzböden und Fußbodenheizung. Das Frühstück ist gratis, Gäste haben Zugang zu einer Gemeinschaftsküche.

Victorian Hotel

Karte L3 ■ 514 Homer St ■ +1-604-681-6369 ■ www.victorianhotel.ca ■ $$

Dank sorgsamer Restaurierung konnte das 1898 eröffnete Hotel, eines der ersten in der Stadt, sein viktorianisches Flair bewahren und besticht noch heute mit Erkerfenstern, hohen Decken, Hartholzböden und antikem Mobiliar. Die behaglichen Zimmer verfügen über Betten mit Daunendecken und schöne Bäder.

West End Guest House

Karte J3 ■ 1362 Haro St ■ +1-604-681-2889 ■ www.westendguesthouse.com ■ $$

Nahe dem Stanley Park bietet dieses hübsche viktorianische Gästehaus von 1906 Suiten mit ein oder zwei Schlafräumen, kostenlose Parkplätze, einen Fahrradraum und warmes Frühstück.

Preiswerte Hotels & Hostels

HI Vancouver Downtown

Karte H4 ■ 1114 Burnaby St ■ +1-604-684-4565 ■ www.hihostels.ca ■ $

In dem freundlichen Hostel im West End sind sowohl Schlafsaalbetten als auch eigene Zimmer zu haben. Frühstück ist im Übernachtungspreis enthalten, für weitere Mahlzeiten steht eine Gemeinschaftsküche bereit. Auf dem Dach lockt eine hübsche Sonnenterrasse.

Kingston Hotel

Karte K4 ■ 757 Richards St ■ +1-604-684-9024 ■ www.kingston.hotels-vancouver.net ■ $

Das zwanglose Hotel in einem denkmalgeschützten Haus von 1910 bietet tadellose Zimmer mit und ohne Bad, ein Fernsehzimmer, eine Sauna, eine gute Kneipe, eine gemütliche Lounge mit Kamin und Gepäckaufbewahrung. Das großartige kontinentale Frühstück ist im Preis inbegriffen.

Samesun Vancouver

Karte J4 ■ 1018 Granville St ■ +1-604-682-8226 ■ www.samesun.com ■ $

Das zentral gelegene Hostel verfügt über Zimmer mit Bad und Schlafsäle. Zu den Pluspunkten zählen Gemeinschaftsküche, Wäscherei, Aufenthaltsraum, kostenloses Frühstück und das gemütliche Pub.

West Coast Suites at UBC

Karte A2 ■ 5961 Student Union Blvd ■ +1-888-331-4194 ■ www.suitesatubc.com ■ $

Von Mai bis August stehen auf dem Campus der UBC – eine komfortable Stadt in der Stadt – rund 3000 Zimmer zur Verfügung. Suiten mit einem Schlafraum und Küche sind rund ums Jahr zu haben. Alle Unterkünfte sind sehr gepflegt und bieten Gratis-WLAN.

YWCA Hotel

Karte K5 ■ 733 Beatty St ■ +1-604-895-5830 ■ www.ywcavan.org/hotel ■ $

Das zwölfstöckige (komplett barrierefreie) Haus nimmt nicht nur Frauen sicher auf, es eignet sich auch gut für Familien. Die meisten der Zimmer verfügen über einen Fernseher; die Nutzung des Fitnesscenters ist kostenlos.

Hotels & Inns auf Vancouver Island

Ocean Island Inn, Victoria

Karte Q2 ▪ 791 Pandora Ave ▪ +1-250-385-1789 ▪ www.oceanisland.com ▪ $

In einem historischen Gebäude nahe dem Inner Harbour bietet dieses komfortable Inn Schlafsäle und Zimmer. Frühstück und Abendessen sind im Preis enthalten.

Robin Hood Inn and Suites, Victoria

Karte E6 ▪ 136 Gorge Rd E ▪ +1-778-765-0202 ▪ www.robinhoodinn.ca ▪ $

Dieses Motel bietet geräumige, gut ausgestattete Zimmer, Kaffeemaschinen und einen Shuttle-Service. Zudem werden E-Bikes, Kajaks und SUP-Boards gratis verliehen.

Chateau Victoria, Victoria

Karte Q3 ▪ 740 Burdett Ave ▪ +1-250-382-4221 ▪ www.chateauvictoria.com ▪ $$

Nur wenige Schritte vom Inner Harbour entfernt, warten in diesem Drei-Sterne-Haus großzügige Zimmer und Suiten und – im 18. Stock – ein Dachrestaurant mit gemütlicher Lounge.

Coast Bastion Hotel, Nanaimo

Karte D4 ▪ 11 Bastion St ▪ +1-250-753-6601 ▪ www.coasthotels.com ▪ $$

Das schmucke Hotel, die beste Unterkunft in Nanaimo, kann mit schönem Hafenblick, einem tollen Restaurant, Fitnessraum und Businesscenter aufwarten.

Victoria Ocean Pointe Resort, Victoria

Karte N2 ▪ 100 Harbour Rd ▪ +1-250-360-2999 ▪ www.marriott.com ▪ $$

In dem Hotel am Inner Harbour, einem Haus der Delta-Gruppe, warten moderne ruhige, klimatisierte Zimmer und Extras wie Pool, Fitnessraum und Ballsport-Courts.

Heathergate House, Victoria

Karte E6 ▪ 122 Simcoe St ▪ +1-250-383-0068 ▪ www.victoria-vacationrentals.com ▪ $$

Für die großartige Lage nahe Victorias geschäftigem Hafen ist das Hotel erfreulich ruhig. Es stellt schicke Zimmer mit Bad und ein gut ausgestattetes Gartenhaus für vier Personen zur Verfügung. Das englische Frühstück ist im Preis inbegriffen.

Huntingdon Manor Hotel, Victoria

Karte N4 ▪ 330 Quebec St ▪ +1-250-381-3456 ▪ www.huntingdonmanor.com ▪ $$

Unter den 80 Zimmern und Suiten des komfortablen Hauses am Inner Harbour finden sich auch Familiensuiten für bis zu sechs Personen. Das leckere warme Frühstück ist inklusive.

Inn at Laurel Point, Victoria

Karte N3 ▪ 680 Montreal St ▪ +1-250-386-8721 ▪ www.laurelpoint.com ▪ $$

In den großen Zimmern freut man sich am Blick auf den Inner Harbour. Wer hier wohnt, sollte auf keinen Fall das sonntägliche Brunchbüfett im Restaurant Aura verpassen.

Magnolia Hotel & Spa, Victoria

Karte P3 ▪ 623 Courtney St ▪ +1-250-381-0999 ▪ www.magnoliahotel.com ▪ $$

Das preisgekrönte Hotel in unschlagbarer Lage besticht mit herausragendem Service. In den opulenten Zimmern warten bequeme Betten und Marmorbäder mit tiefen Badewannen.

Fairmont Empress, Victoria

Karte P4 ▪ 721 Government St ▪ +1-250-384-8111 ▪ www.fairmont.com/empress ▪ $$$

Eines der berühmtesten Hotels an der Westküste bietet kleine, aber sehr luxuriöse Zimmer. Nachmittagstee in der Lobby ist ein Erlebnis, das seinen Preis wert ist, und lockt auch Nichtgäste an – also besser reservieren.

Oak Bay Beach Hotel, Victoria

Karte E6 ▪ 1175 Beach Dr ▪ +1-250-598-4556 ▪ www.oakbaybeachhotel.com ▪ $$$

Die eleganten Zimmer des Hotels verfügen über offene Kamine, Terrassen und große Bäder. Gäste erfreuen sich an Mineralbädern am Wasser und an guten Drinks im Pub.

Wickaninnish Inn, Tofino

Karte A4 ▪ 500 Osprey Ln ▪ +1-250-725-3100 ▪ www.wickinn.com ▪ $$$

Wer nobel ausspannen will, ist in dem auf einem Felsen am Chesterman Beach thronenden Haus goldrichtig. Geboten sind Luxusunterkünfte in modernem Westküstenstil, ein Gourmetrestaurant und ein tolles Spa.

Preiskategorien siehe S. 116

Textregister

Fett gedruckte Seitenzahlen beziehen sich auf Haupteinträge.

9 O'Clock Gun 13

A

Abattoir, L' 63, 73
Abenteuersport 105
Absolute Spa at the Century Plaza 45
Abstecher **100–107**
  Grüne Oasen 104
  Restaurants & Cafés 107
  Sport 105
  Tagestour 103
  Wanderungen 106
Alkohol 113
Alta Lake 35
A-maze-ing Laughter (Minjun) 43
Angel of Victory (MacCarthy) 43
Angeln 96
Anreise **110**
Aquabus 6, 25, 85, 110, 111
Aquarien
  Ocean Station, Royal BC Museum 30
  Vancouver Aquarium 13, 50
Art Gallery of Greater Victoria 29, 95
Artisan Sake Maker 25
Arts Club Theatre & Lounge 24
Arts Club Theatre Company 24, 65
Ausflüge *siehe* Touren
  siehe auch Abstecher
Ausweispflicht 113
Autofahren 110f

B

Ballet BC 53, 65
Banken 114
Bao Bei 59, 71, 73
Bard on the Beach Shakespeare Festival 64
Barkley Sound 95, 96
Bars & Clubs 54f, **56f**
  Downtown 79
  LGBTQ+ 54f
  South Granville, Kitsilano & Yaletown 88
  Waterfront, Gastown & Chinatown 72
Bäume in BC **49**
BC Ferries 29, 93, 110, 111
BC Lions 53
BC Place 53
BC Place Stadium 39, 77
BC Sports Hall of Fame 40, 77
Beacon Hill Park 29, 43, 48, 63
Beaver Lake 13
Becoming BC Gallery (Royal BC Museum) 30
Bed & Breakfast 118
Behinderte Reisende 114
Berühmte Kinder der Stadt **39**
Big Tree Trail, Meares Island 33
Bimini 56f
Blackcomb Peak 7, 34, 101, 103, 105
Bloedel Conservatory 48
Blue Water Café 58, 89
Bodega y Quadra, Juan Francisco de la 33, 38
BodyWorks 27
Botanist 56, 79
Botticelli, Sandro 20
Boundary Bay Regional Park 104
Boutiquehotels 116
Brackendale 7, 102, 103
Brackendale Winter Eagle Festival 102
Brackendale Eagles Provincial Park 103
British Columbia Parliament Buildings 28, 62, 95
Broadway 61
Brockton Point 13
Brockton Point Visitor Centre 13, 42
Broken Islands Group 95
Bublé, Michael 39
Buchten 46f
Buckminster Fuller, Richard 26
Bugholzkisten 18
Burnett, Frank 19
Burrard Inlet 6, 12, 13, 38, 47
Businesshotels 116f
Busse 110
  Touren 115
Butchart Gardens 48, 94
Butchart, Jenny 48

C

Cafés *siehe* Restaurants & Cafés
Camping 96
Canada Day 15, 63, 114
Canada Line (SkyTrain) 39, 63, 110
Canada Place 6, 8f, 10, **14f**, 39, 69, 71
Canadian Pacific Railway 28, 39, 70, 76, 84
Canadian Trail 14
Canyon Lights 17
Capilano Canyon 16, 17
Capilano River 16, 17
Capilano Suspension Bridge Park 7, 10, **16f**, 36f, 103
Capilano, Chief Joe 39
Carr, Emily 10, 20, 28, 39
  Emily Carr Collection (Vancouver Art Gallery) 21, 40, 75,
  Emily Carr House 29, 95
Celebrities 54
Cézanne, Paul 20
Chambar 58, 73
Chan Centre for the Performing Arts 52
Chief of the Undersea World (Reid) 42
Chilliwack River Rafting 105
Chinatown
  Vancouver 61, 68, 70, 71
    siehe auch Waterfront, Gastown & Chinatown 68–73
  Victoria 29, 95
Chinese Cultural Centre Museum & Archives 40, 71
Christ Church Cathedral 62, 75
Chung Hung, Alan 43, 76
CinCin Ristorante & Bar 59, 81
Cioppino's Mediterranean Grill 59, 89
Clayoquot Sound 32, 33, 92
Cliffwalk 17, 36f
Clubs *siehe* Bars &Clubs
Clutch, The 52f
Coal Harbour 15
Coast Mountains 10, 13, 34
Columbia River 38
Commercial Drive 60
Commodore Ballroom 53, 57
Concord Pacific Dragon Boat Festival 64
Cook, James 31, 38

Coupland, Douglas 39, 43
Cowichan Valley 94
Craft Council of BC Shop & Gallery 25
Craigdarroch Castle 29
Cranmer, Doug 18
Creekside 35
Cruise Ship Terminal 15
Cypress Provincial Park 101, 104

D

Dance Centre, The 65
David Lam Park 49
Davidson, Robert 20
Davie Village 55
Deer Lake Park 104
Deighton, John »Gassy Jack« 68, 70f
Delany's Coffee House 54
Diamond, The 56, 72
Digital Orca (Coupland) 43
Diva at the Met 59, 81
Douglas, James 28
Douglas, Stan 21
Downtown **74–81**
  Bars & Clubs 79
  Live-Musik-Bühnen 80
  Restaurants & Cafés 81
  Shopping 78
  Spaziergang 77
Dr. Sun Yat-Sen Classical Chinese Garden 48, 70, 71
Drachenbootfestival 64
Duncan 94
Dundarave 101
Dunsmuir, Robert 29

E

Eagle Point 47
Eagles (Davidson) 20
Early Music Vancouver 65
Einreise 112, 113
Emily Carr Collection (Vancouver Art Gallery) 21, 40, 75
English Bay 6, 12, 13, 46
Ensembles & Orchester **65**
Erickson, Arthur 18, 20, 75, 76
Essen & Trinken
  preiswert 63
  siehe auch Restaurants & Cafés; *siehe auch* Shopping
eTA (Electronic Travel Authorization) 112, 113
Etikette 115
Eureka! 27
Expo '86 15, 26, 39, 43
  Canada Pavilion *siehe* Canada Place

F

Fähren 25, 110
  Aquabus 6, 25, 85, 110, 111
  BC Ferries 29, 93, 110, 111
  False Creek Ferries 25, 83, 110, 111
Fahrräder 111
  siehe auch Radfahren
Fairmont Chateau Whistler 34
  Spa Vida 44
Fairmont Empress 28, 95, 99, 119
  Willow Stream Spa 45
Fairmont Hotel Vancouver 76
Falk, Gathie 43
Fallschirmspringen 105
False Creek 15, 47, 82, 83, 85
False Creek Ferries 25, 83, 110, 111
Familienfreundliche Restaurants **51**
Feature Exhibition 26
Feste & Festivals **64f**
  kostenlos 63
Firehall Arts Centre 53, 65
First Nations 31, 38,
  Capilano Suspension Bridge Park 16f
  Kunst 20, 42f
  Kunstgalerien 32, 40, 41, 77
  Kwisitis Visitor Centre 33
  Long Beach & Umgebung 32f, 93
  Museum of Anthropology 18f, 41
  Roy Henry Vickers Gallery 32
  Royal BC Museum 28, 30f, 43
  Stanley Park 12
  siehe auch Küsten-Salish
First Peoples' Cultural Council 31
First Peoples Gallery (Royal BC Museum) 30
Flugreisen 110
Flying Pig, The 63, 89
FlyOver Canada™ 15
Forage 59, 81
Fort Yale 38
Fortes, Joseph Seraphim 39
Fotokonzeptkunst 21
Fountainhead Pub 54
Four Boats Stranded: Red and Yellow, Black and White (Lum) 20
Four Seasons Resort Whistler, Spa at 44
Fox, Michael J. 39
Fox, Terry 40, 76, 77
Fraser River 38, 85, 102
Fraser, Simon 38

G

Gabriola Island 93
Gallery Row 84
Gardiner, Harry 70
Garibaldi Provincial Park 102
»Gassy Jack« (John Deighton) 70f
Gästehäuser 118, 119
Gastown 6, 15, 61, 68, 69, 71
  siehe auch Waterfront, Gastown & Chinatown 68–73
Gate to the Pacific Northwest (Chung Hung) 43
Geld & Kreditkarten 114
Geodätische Kuppel
  Bloedel Conservatory 48
  Science World 26, 76
George VI 76
Gesundheit 112, 113
Girl in a Wetsuit 12, 75
Gitxsan 19, 30, 31, 42
Gleitschirmfliegen 105
Gletscherskifahren 105
Goldrausch 38, 40, 94
Goldstream Provincial Park 7, 94
Granville Island 6, 11, **24f**, 61, 83, 85
  siehe auch South Granville, Kitsilano & Yaletown 82–89
Granville Island Brewing 25, 57, 88
Granville Island Public Market 6, 24, 25, 61, 86
Granville Island Stage 24, 53, 65, 88
Granville Island Water Park 51
Grauwale 32
Green Lake 35
Green, Nancy 77
Großraum Vancouver *siehe* Abstecher
Grotto Spa 44
Group of Seven 20
Grouse Mountain 50, 101

Guilt & Co. 57, 72
Gulf Islands 7, 93
Gulf of Georgia Cannery, Steveston 102

H

H. R. MacMillan Space Centre 50, 84, 85
Haida 13, 18, 20, 30, 31, 42
Hall, Sarah 75
Hallelujah Point 13
Handys 114
Hansen, Rick 40
Happy Hours 63
Harman, Jack 76
Hawksworth 59, 81
Heli-Skiing & -Snowboarding 105
Helmcken House 31, 95
Helmcken, John Sebastian 31
Henderson, Johnathan 43
Heritage Horns 15
Hetux (Watts) 42
Highlights **10f**
Historische Ereignisse 38f
Honda Celebration of Light 65
Horseshoe Bay 7, 101
Hostelling International (HI) 63, 119
Hostels 63, 115, 118
Hot Springs Cove 33
Hotels 53, 115, **116–119**
  Vancouver Island 119
Hudson's Bay Company 28, 38
Hunt, Henry 43
Hunt, Tony 42

I

IMAX Victoria Theatre 30
In Vancouver unterwegs 110f
Information 115
Inner Harbour, Victoria 28, 95
Inns & Gästehäuser 118f
International Buddhist Temple 63, 103
Internet 114
Inuit Gallery 40
Inukshuk (Kanak) 43, 83
Irish Heather, The 56, 72

J

Jericho Beach 46, 62
Jerome, Harry 77
JFL NorthWest Comedy Festival 64
Johnson, Pauline 39
Johnson, Seward 43

K

Kajakfahren 96, 105
  Broken Group Islands 95
  Long Beach 32
  Qualicum Beach 47
Kanak, Alvin 43
Kanufahren 96
  Alta Lake 35
  Brackendale 103
  Cowichan Lake 94
Keefer Bar, The 57, 71, 72
Ken Spencer Science Park 27
Kia'palano Big House 16
Kinder **50f**
  Familienfreundliche Restaurants 51
  Kids Market 24
Kitsilano *siehe* South Granville, Kitsilano & Yaletown
Kitsilano Beach & Park 47
Klettern 96, 105
Klima 114
Kokoro Dance 65
Konsulate 112, 113
Kostenlose Attraktionen **62f**
Krankenhäuser 112, 113
Kreditkarten 114
Kreuzfahrtschiffe 15, 110
'Ksan Historical Village 19
'Ksan-Fries 42
Kunst der First Nations 18f, 20, **42f**, 61, 78
  siehe auch Museen & Sammlungen
Kunst im öffentlichen Raum **43**
Kunstgalerien
  Craft Council of BC Shop & Gallery 25
  Gallery Row 84
  Inuit Gallery 40
  Roy Henry Vickers Gallery 32
  Skwachàys Lodge 117
  Vancouver Studio Glass 25, 85
Kunsthandwerk 24f, 61, 86, 87
Küsten-Salish 12, 17, 19, 30, 38, 43, 85, 94, 102
Kwakwaka'wakw 30, 38, 43
Kwisitis Visitor Centre 33

L

L'Abattoir 63, 73
Law Courts 76
Lekwungen 38
LGBTQ+ in Vancouver **54f**
Library Square 77
Lift Bar & Grill 56, 79
Lighthouse Park 47, 101, 104
Little Sister's Book & Art Emporium 55
Lokomotive 374 (Roundhouse) 84, 85
Long Beach 32, 46, 93
Long Beach & Umgebung 11, **32f**
Lonsdale Quay 7, 102
Lost Lagoon 12, 66f
Lum, Ken 20, 21
Luxushotels 116
Lynn Canyon Park 63, 102

M

MacCarthy, Coeur de Lion 43
Macdonald, John A. 70
Mackay, George Grant 17
Maple Tree Square 70f
Maplewood Farm 51
Marathon of Hope 40, 76
Marine Building 62
Maritime Market & Marina 24, 86
Maritime Museum of British Columbia 29, 95
Märkte 63
  Granville Island Public Market 6, 24, 25, 61, 86
  Lonsdale Quay 7, 102
  Maritime Market 24
  Nanaimo 94
  Richmond Night Market 103
Martin, Chief Mungo 30, 43
Martin, David 43
Mayhew, Elza 31
Mayne Island 93
Meares Island 33
Medina Café 81
Metropolis at Metrotown 60
Miku 58, 73
Millennium Gate, Chinatown 71
Mittelklassehotels 117
Mobiltelefone 114
Monet, Claude 20
Morris, William 75
Morton Park 43
Mount Currie 35
Mount Pleasant 61
Mount Seymour Provincial Park 104
Mountainbiken 34, 96, 105
Mungo Martin House 30

Munro, Alice 98
Museen & Sammlungen **40f**, 63
- Art Gallery of Greater Victoria 29, 95
- BC Sports Hall of Fame 40, 77
- Bill Reid Gallery 6, 41, 77
- Chinese Cultural Centre Museum & Archives 40, 71
- Inuit Gallery 40
- Maritime Museum of British Columbia 29, 95
- Museum of Anthropology 7, 10, **18f**, 41, 100
- Museum of Vancouver 40f, 85
- Roedde House Museum 40
- Royal BC Museum 7, 28, **30f**, 43, 95
- Science World 6, 11, 15, **26f**, 50, 76
- Story Centre 17
- Vancouver Art Gallery 6, **20f**, 40, 75, 77
- Vancouver Maritime Museum 41, 82, 84
- Vancouver Police Museum 41, 69

Musik
- Bühnen 52f, 80
- Ensembles & Orchester 65
- Festivals 64

Musqueam 18, 19

N

Nanaimo 7, 10, 43, 90f, 94
Natural History Gallery (Royal BC Museum) 31
Net Loft 24, 61
Netherlands Centennial Carillon Tower 30
Norris, George 43
North Shore Mountains 14
North Vancouver 7, 102
Notfälle 113
Numbers Cabaret 55
Nuu-chah-nulth 31, 33, 38

O

Ocean Station (Royal BC Museum) 30
Öffentlicher Nahverkehr 63, 110
- in Whistler 35

Öffnungszeiten 114f
Ogden, Heather 39
Olympische Winterspiele (2010) 34, 39
OMNIMAX® Theatre 27, 50, 76
Orcas 105
Orpheum, The 52
Our World 26
Outdoor-Aktivitäten 96, 105
- Wanderungen 106
- Wintersport 34f, 96, 105

P

Pacific Centre 61, 77
Pacific National Exhibition (PNE) 51
Pacific Rim National Park Reserve 33, 93
Pacific Spirit Regional Park 48, 104
Parks & Gärten **48f**, 63, 104
- Beacon Hill Park 29, 43, 48
- Bloedel Conservatory 48
- Boundary Bay Regional Park 104
- Brackendale Eagles Provincial Park 103
- Butchart Gardens 48, 94
- Capilano Suspension Bridge Park 7, 10, **16f**, 36f, 103
- Cypress Provincial Park 101, 104
- David Lam Park 49
- Deer Lake Park 104
- Dr. Sun Yat-Sen Classical Chinese Garden 48, 70, 71
- Garibaldi Provincial Park 102
- Goldstream Provincial Park 7, 94
- Kitsilano Park 47
- Lighthouse Park 47, 101, 104
- Lynn Canyon Park 63, 102
- Morton Park 43
- Mount Seymour Provincial Park 104
- Pacific Rim National Park Reserve 33, 93
- Pacific Spirit Regional Park 48, 104
- Queen Elizabeth Park 43, 49, 104
- Rathtrevor Beach Provincial Park 46
- Rose Garden 12
- Stanley Park 6, 10, **12f**, 49, 50, 75
- Strathcona Provincial Park 94
- Thunderbird Park 30, 95
- VanDusen Botanical Garden 49, 104
- Vanier Park 6, 43, 49, 85

Peak 2 Peak Gondola 34
Pender Island 93
Pendulum (Storey) 43
Peter Brown Family Centre Stage 27
Photo Session (Johnson) 43
Picasso, Pablo 20
Placed Upon the Horizon (Casting Shadows) (Weiner) 21
Playland at the PNE 51
Point Atkinson Lighthouse 47, 101
Point, Susan 18, 43
Port of Vancouver Discovery Centre 15
Post 114
Preiswert reisen 63, 115,
- Hotels & Hostels 63, 118, 119
- Kostenlose Attraktionen 62f
- Preiswert essen 63
- Vancouver für wenig Geld 63

Prospect Point 13
Pumpjack Pub 54

Q

Qualicum Beach 47
Queen Elizabeth Park 43, 49, 104
Queen Elizabeth Theatre 53

R

Radfahren 111
- False Creek 85
- Mountainbiken 96, 105
- Stanley Park 6, 13
- Valley Trail 35
- Vancouver Island 96

Rafting 105
Railspur District 25
Rathtrevor Beach 46
Rattenbury, Francis 20, 28, 75
Rauchen 113
Raven and the First Man, The (Reid) 19
Regenwald 7, 16, 17, 32
Reid, Bill 18, 19, 20, 31
- Bill Reid Gallery 6, 41, 77
- *The Jade Canoe* 42
- *The Raven and the First Man* 19
- Totempfahl, Brockton Point 13, 74

Reise- und Sicherheitshinweise 112
Reisende mit besonderen Bedürfnissen 114
Restaurants & Cafés 51, **58f**
Abstecher 107
Downtown 81
South Granville, Kitsilano & Yaletown 89
Vancouver Island 97
Victoria 99
Waterfront, Gastown & Chinatown 73
Richards, G. H. 85
Richmond 103
Robson Square 76, 77
Robson Street 6, 60, 76
Roedde House Museum 40
Rogen, Seth 39
Rogers Arena 52
Rose Garden, Stanley Park 12
Roundhouse 84, 85
Roxy, The 57, 79
Roy Henry Vickers Gallery 32
Royal BC Museum 7, 28, **30f**, 43, 95

S

Safdie, Moshe 77
Salish *siehe* Küsten-Salish
Salute to the Lions of Vancouver (Falk) 43
Saturna Island 93
Saunders, Raymond 69
Scandinave Spa Whistler 45, 103
Schiffsreisen 110
Schnitzkunst *siehe* Kunst der First Nations
Science Theatre 26
Science World 6, 11, 15, 22f, **26f**, 50, 76
Score on Davie 54
Search: Sara Stern Gallery 27
Sea-to-Sky Highway 7, 39, 103
Seawalk (False Creek) 85
Seawall 6, 12, 46, 47, 62, 85
Second Beach 13, 50
Shopping **60f**, 114f
Downtown 78
Granville Island 24f, 86
South Granville, Kitsilano & Yaletown 86, 87
Victoria 98
Sicherheit 112, 113
Silk Road Spa 44
Siwash Rock 12
Skifahren 34, 35, 96, 105
skoah 45
SkyTrain 6, 15, 39, 63, 110, 111
South Granville, Kitsilano & Yaletown 60, **82–89**
Bars & Clubs 88
Granville Island Public Market 86
Restaurants & Cafés 89
Shopping 86, 87
Spaziergang 85
Spa Utopia 44f
Spa-Anwendungen **45**
Spanish Banks 48
Spanish Banks Beach 47
Spas 44f
Spazieren gehen 111
False Creek Seawalk 85
Inner Harbour 28
Seawall 12, 46, 62, 75
Stanley Park 12f, 75
Valley Trail 35, 101
West Dyke Trail 104
West Vancouver Centennial Seawall 101
siehe auch Parks & Gärten
siehe auch Strände & Buchten
Spaziergänge 6f, 62, 111, 115
Downtown 77
South Granville, Kitsilano & Yaletown 85
Victoria 95
Waterfront, Gastown & Chinatown 71
Sportliche Aktivitäten 96, 105, 106
Squamish (Ort) 7, 102, 103, 105
Squamish (Stamm) 12, 16, 38, 83, 85
St. Ann's Schoolhouse 30
St. Roch (Schoner) 41
Stanley Industrial Alliance Stage 52
Stanley Park 6, 10, **12f**, 49, 50, 75
Stanley, Sir Frederick 12
Stawamus Chief 102, 106
Steam Clock 69, 71
Steuern 115
Steveston 102
Storey, Alan 43
Story Centre 17
Strait of Georgia 38, 47, 90f, 93
Strände & Buchten **46f**
Strathcona Provincial Park 94
Street Light (Tregebov & Miller) 43
Strom 114
Suitenhotels 116f
Sun Tower 70
Sunset Beach 6, 47, 55, 83
Surfen 96, 105
Alta Lake 35
Long Beach 32, 93
Squamish River 102, 105
Suzuki, David 39
Swanson, Robert 15
Swartz Bay 93

T

Tacofino 58, 71, 73
Tauchen 96, 105
Broken Group Islands 95
Taxis 111
Telefonieren 114
The Bimini 56f
The Canadian Trail 14
The Crab (Norris) 43
The Cultch 52f
The Dance Centre 65
The Diamond 56, 72
The Drive *siehe* Commercial Drive
The Irish Heather 56, 72
The Flying Pig 63, 89
The Jade Canoe (Reid) 42
The Keefer Bar 57, 71, 72
The Orpheum 52
The Raven and the First Man (Reid) 19
The Roxy 57, 79
Theater
Bühnen 52f
Ensembles 65
Shakespeare-Festival 64
Third Beach 13
Thunderbird House Post 42
Thunderbird Park 30, 95
Tierwelt
Biosphärenreservat Clayoquot Sound 32, 92
George C. Reifel Migratory Bird Sanctuary 104
Grauwale 32
Maplewood Farm 51
Orcas 96, 105
Refuge for Endangered Wildlife (Grouse Mountain) 50
Vancouver Aquarium 6, 13, 50

Walbeobachtung
33, 95, 96, 105
Weißkopfseeadler
32, 94, 102, 103
Tofino 32, 33, 46, 92
Totem Poles, Kitseukla (Carr) 21
Totempfähle 42f
Beacon Hill Park 43
Brockton Point 13, 74, 75
Capilano Suspension Bridge Park 17
Duncan 94
Museum of Anthropology 18
Royal BC Museum 30, 31
Thunderbird Park 30, 95
Touren 114
Stadtführungen 62, 115
Tagestour nach Whistler 103
siehe auch Spaziergänge
Tourism Vancouver 115
Visitor Centre 14, 63
TransLink 110
Treetops Adventure 16
Truth and Reconciliation Commission (TRC) 31
Tsimshian 32
Tsleil-Waututh 38

U

UBC (University of British Columbia) 18, 39, 103
West Coast Suites at UBC 118
Ucluelet 32, 46, 92
Unmarked Graves 39
Unterhaltung
Feste & Festivals 64f
Veranstaltungsbühnen 52f
Unterkunft 53, 115
siehe auch Hotels
Upper Village 35

V

Valley Trail 35, 101
Vancouver, George 38
Vancouver Aquarium 6, 13, 50
Vancouver Aquatic Centre 83
Vancouver Art Gallery 6, **20f**, 40, 75, 77
Vancouver Canucks 52, 57
Vancouver Convention Centre 14
Vancouver East Cultural Centre (The Cultch) 52f
Vancouver entdecken **6f**
Vancouver Folk Music Festival 64
Vancouver für wenig Geld **63**
Vancouver International Film Festival 65
Vancouver International Jazz Festival 64
Vancouver International Wine Festival 64
Vancouver Island 38, **92–99**
Hotels 119
Outdoor-Aktivitäten 96
Restaurants & Cafés 97, 99
Shopping in Victoria 98
Spaziergang durch Victoria 95
Vancouver Lookout 71
Vancouver Maritime Museum 41, 82, 84
Vancouver Opera Company 53, 65
Vancouver Playhouse 53
Vancouver Police Museum 41, 69
Vancouver Pride 65
Vancouver Recital Society 65
Vancouver School of Artists 21
Vancouver Studio Glass 25, 85
Vancouver Symphony Orchestra 52, 65
Vancouver Theatresports League 65
Vancouver Writers Fest 65
VanDusen Botanical Garden 49, 104
Vanier Park 6, 43, 49, 85
Vanier, Georges P. 49
Veranstaltungsbühnen **52f**
Versicherung 112
Vickers, Roy Henry 32
Victoria
7, 11, **28–31**, 38, 95
Hotels 119
Restaurants & Cafés 99
Shopping 98
Spaziergang 95
Vida (Spa) 44
Village North 35
Vogelbeobachtung 104

W

Währung 114
Walbeobachtung
7, 33, 95, 96, 105
Wale *siehe* Tierwelt
Wall, Jeff 20, 21
Wallace, Ian 21
Wandern 96, **106**
Grouse Mountain 50
Long Beach & Umgebung 33, 93
Whistler 34f
Wasserflugzeuge 15, 111
Wassertaxis 111
Waterfront Station 71
Waterfront, Gastown & Chinatown **68–73**
Bars & Clubs 72
Restaurants & Cafés 73
Spaziergang 71
Watts, Connie 42
Wedgewood Spa 44
Weiner, Lawrence 21
Weißkopfseeadler
32, 94, 102, 103
Wellness **44f**
West Coast Trail 33
West Dyke Trail 104
West Vancouver
7, 47, 65, 101
Wetter 114
Whistler
7, 11, **34f**, 39, 101, 103
Olympische Spiele 39
Wanderungen 106
Restaurants 107
Spas 44f
Wintersport 105
Whistler Mountain
34, 35, 101, 103
Whistler Village 34
Whonnock, Sean 43
Wild Pacific Trail 33
Willkommen in Vancouver **5**
Willow Stream Spa 45
Windsurfen 102, 105
Winterspiele 34, 39
Wintersport
34f, 96, 104, 105
WLAN 114
Wonder Gallery 26
Wreck Beach 47, 55

X

Xwméthkwyiem 38

Y

Yaletown *siehe* South Granville, Kitsilano & Yaletown 82–85

Z

Zeitzone 114
Zoll 112, 113
Zugreisen 110
Zweiter Weltkrieg 19

Danksagung, Bildnachweis & Impressum

Autorin

Constance Brissenden lebt seit Langem in British Columbia – derzeit in Downtown Vancouver. Sie hat bereits eine ganze Reihe Reise-, Geschichts- und Kinderbücher verfasst und ist auch Koautorin des *Eyewitness Travel Guide to the Pacific Northwest* von DK.

Additional contributor
Rachel Mills

Publishing Director Georgina Dee

Publisher Vivien Antwi

Design Director Phil Ormerod

Editorial Sophie Adam, Ankita Awasthi Tröger, Dipika Dasgupta, Rachel Fox, Alison McGill, Sally Schafer, Hollie Teague, Danielle Watt

Design Tessa Bindloss, Priyanka Thakur, Vinita Venugopal

Commissioned Photography Gunter Marx, Alvin Karak

Picture Research Taiyaba Khatoon, Susie Peachey, Ellen Root, Rituraj Singh

Cartography Mohammad Hassan, Suresh Kumar, James Macdonald

DTP Jason Little

Production Igrain Roberts

Factchecker Lisa Voormeij

Proofreader Susanne Hillen

Indexer Helen Peters

Revision Ashif, Avanika, Sumita Khatwani, Shikha Kulkarni, Arushi Mathur, Alison McGill, Bandana Paul, Vagisha Pushp, Lucy Sara-Kelly, Beverly Smart, Stuti Tiwari, Tanveer Zaidi

Die Erstauflage wurde realisiert von International Book Productions Inc., Toronto.

Bildnachweis

o = oben, u = unten, m = Mitte, l = links, r = rechts

DK bedankt sich bei folgenden Personen, Institutionen und Bildarchiven für die freundliche Erlaubnis, ihre Fotografien zu reproduzieren:

123RF.com pngstudio 11mu, ronniechua 13or.

Alamy Stock Photo age fotostock 56o, All Canada Photos 3ol, 66 – 67, 105ol, Amazing Images 4o, Mieneke Andeweg-van Rijn 15mru, Aurora Photos 33or, B.O'Kane 60ol, Brett Baunton 95mlo, Tibor Bognar 62ol, 69ur, David Buzzard 35ul, Cannon Photography LLC / BrownWCannonIII 106ul, Cavan Images / CI2 105mru, Chris Cheadle 35ol, 44ul, 98ol, Engel Ching 22 – 23, Felix Choo 98ur, Christian Kober 1 75or, Shaun Cunningham 94ol, Danita Delimont 18mlu, Keith Douglas 50ul, 90 – 91, Elena Elisseeva 46 – 47, Dan Galic 102ur, Gerry Rousseau 100ol, David Gowans 96or, Dave G. Houser 6ur, 11mro, imageBROKER 61ur, Images by Morgana 42o, Incite Photography 10ul, 18ur, Maria Janicki 86mo, JTB Media Creation, Inc. 4mru, JSMimages 39ul, John Keates 32ur, Jason Kwan 17mru, Douglas Lander 17ol, 84mr, Roy Langstaff 52mlu, Martin Thomas Photography 57mu, Gunter Marx 34mlu, Michael Wheatley Photography 15ol, Nikreates 20ul, 42um, 70u, Overflightstock Ltd 32 – 33, David Pearson 55mlu, Prisma by Dukas Presseagentur GmbH 31ul, RM USA 57or, Rolf Hicker Photography 93o, James Jeffrey Taylor 79ol, David Wei 20mr, Michael Wheatley 11mr, 14mru, 18 – 19, 26 – 27, 27mu, 30ul, 31or, 51mlu, 63or, 70or, 76mlo, 89u, Xinhua 41ur, 87ol, ZUMA Press, Inc. 54ul.

Art Gallery of Greater Victoria The Thomas Gardiner Keir Bequest. 29mro.

AWL Images ImageBROKER 4mlu, 10mlo, 83ol, Stefano Politi Markovina 12ur, 53u, 61or.

BC Sports Hall of Fame 77ol.

Chambar Luis Valdizon 58mu.

Dockside Restaurant & Brewing Company 88ol.

Dreamstime.com Steve Boyko 62u, Dan Breckwoldt 104u, Brenda Carson 29ol, Engel Ching 48u, Robert Cocquyt 96ul, Carrie Cole 48or, Jerry Coli 24mlo, 51or, Deymos 25ol, 61ml, 86ur, Edonalds 7or, Alexandre Fagundes De Fagundes 19om, Fallsview 4mlo, Sebastien Fremont 101o, Shahnoor Habib 13mru, Lucas Inacio 84 – 85, Jackbluee 50o, Mariusz Jurgielewicz 17mu, Katyenka 33mru, Volodymyr Kyrylyuk 64ul, Erik Lattwein 2or, 14ul, 36 – 37, Ian

Mcdonald 10mlu, Meunierd 43or, minnystock 24 – 25, 28mro, 28 – 29u, Denis Pepin 94 – 95, Gino Rigucci 6mlo, Ronniechua 10m, 102o, Paul Sahota 92mlo, Jean-Jacques Serol 41m, Brandon Smith 4mr, Nalidsa Sukprasert 49or, Vof Vermeulen Perdaen & Steyaert 74or, Zhenwang Wang 47mr, 101ur, Bill Warchol 103ml, Alfred Wekelo 45or, Gene Zhang 14 – 15.

Fairmont Hotels and Resorts, Canada 99mlo.

Fairmont Pacific Rim Paul Warchol 45ml.

Fortune Sound Club 80mlo.

Getty Images Barrett & MacKay 76ur, Andrew Chin 53or, 65ur, Richard Cummins 63ml, 82mlo, Design Pics/Emily Riddell 16mr, Bertil Ericson 39or, Frank Fell 3or, 8 – 9, imageBROKER / Moritz Wolf 106mro, JTB Photo 16ul, Christopher Morris 83mru, Photodisc / Shannon Fagan 68mlo, Stock Montage 38or, Jeff Vinnick 47ol, Michael Wheatley 30mo, 49ml.

Granville Island Brewing 25m.

Hawksworth Restaurant 59mru.

The Irish Heather 56ul.

iStockphoto.com benedek 71ml, compassandcamera 69o, Deejpilot 2ol, 8 – 9, gladassfanny 4ml, 34 – 35, kburgers 4u, youaintseenme 11ur, zotium 12 – 13.

John Fluevog Boots & Shoes Ltd. 78u.

L'Abattoir Hamid Attie Photography 73mlu.

Medina Café AmyHo 81m.

One Under – Urban Golf Club 79mr.

Robert Harding Picture Library Christian Kober 11mlu, Peter Langer 40u, Lorna Rande 1.

Science World British Columbia 26ur, 27mr.

Score on Davie 54o.

Silk Road 44o.

Steamworks Brewing 72o.

SuperStock age fotostock/Douglas Williams 25mru, 64mro.

Swirl Wine Store 87mr.

The Liberty Distillery 88mu.

The Pointe Restaurant 97ml.

Toptable Group Steveli 58ol, 59o, 81ur, 107ul.

Collection of the Vancouver Art Gallery 21mr, Emily Carr Trust/Trevor Mills 10ur, 40ol, 75mr, Founders' Fund/Trevor Mills 21ol.

Vancouver International Film Festival 65mlu.

Umschlag
Vorderseite & Buchrücken: **Dreamstime** Minnystock.
Rückseite: **Dreamstime.com** Mark Skalny.

Extrakarte
Dreamstime Minnystock.

Alle anderen Bilder:
© Dorling Kindersley.
Weitere Informationen unter www.dkimages.com.

Texte Constance Brissenden
Fotografien Cylla von Tiedemann
Kartografie Mohammad Hassan, Suresh Kumar, James Macdonald
Redaktion & Gestaltung Dorling Kindersley Ltd.

Aktualisierte Neuauflage 2022/2023

Verlagsleitung Monika Schlitzer, DK Verlag
Programmleitung Heike Faßbender, DK Verlag
Redaktionsleitung Stefanie Franz, DK Verlag
Projektbetreuung Theresa Fleichaus, DK Verlag
Übersetzung Barbara Rusch, München
Redaktion Gerhard Bruschke, München
Schlussredaktion Birgit Annecke-Patsch, Unterschleißheim
Satz & Produktion DK Verlag
Druck RR Donelley Asia Printing Solutions Ltd., China

ISBN 978-3-7342-0676-4
6 7 8 9 25 24 23 22

Straßenverzeichnis

Abbott Street L4
Alberni Street J3
Alberta Street L6
Alder Bay Walk H6
Alder Street H6
Alexander Street M3
Anderson Street H5
Ash Street K6
Athletes Way L5
Barclay Street J3
Beach Avenue H4
Beach Crescent J5
Beatty Street L4
Bidwell Street H2
Birch Street H6
Birch Walk H6
Broughton Street H3
Burnaby Street H4
Burrard Bridge H5
Burrard Street K3
Bute Street J3
Cambie Bridge K5
Cambie Street L3
Canada Place K2
Cardero Street H3
Carrall Street M4
Cartwright Street H6
Central Street M5
Charleson Street J6
Chestnut Street G5
Chilco Street G2
Columbia Street M3
Commodore Road K6
Comox Street H3
Cook Street L6
Creekside Drive G5
Crowe Street L6
Davie Street H4
Denman Street G2
Drake Street J5
Dunsmuir Street K3
Dunsmuir Viaduct M4
East 1st Avenue M6
East 2nd Avenue M6
East 3rd Avenue M6
East 4th Avenue M6
East 6th Avenue M6
East Cordova Street M3
East Hastings Street M4
Expo Boulevard K4
False Creek Trail L5
Fir Street G6
Georgia Viaduct M4
Gilford Street G2
Gore Avenue M3
Granville Bridge H5
Granville Street K3
Hamilton Street K4
Haro Street J3
Harwood Street H4
Heather Street K6
Helmcken Street J4
Hemlock Street H6
Homer Street L3
Hornby Street K3
Howe Street J4
Industrial Avenue M5
Ironwork Passage J6
Jervis Street J3
Johnston Street H5
Keefer Place L4
Keefer Street M4
Lagoon Drive G2
Lamey's Mill Road H6
Laurel Street J6
Library Square K4
Lorne Street M6
Main Street M4
Mainland Street K5
Manitoba Street L6
Maple Tree Square M3
Marinaside Crescent K5
Melville Street J2
Millbank K6
Milross Avenue M5
National Avenue M5
Nelson Street J3
Nicola Street H3
North Lagoon Drive G1
Northern Street M5
Old Bridge Street H5
Ontario Street M6
Pacific Boulevard L5
Pacific Street H4
Park Lane G2
Pendrell Street H3
Pennyfarthing Drive G5
Pine Street G6
Powell Street M3
Prior Street M4
Quebec Street M6
Railway Street M3
Richards Street K4
Robson Square K3
Robson Street K4
Saw Cut K6
Scantlings J6
Seawall Walk H1
Seymour Street K3
Shoreline Walk H6
Smithe Street K4
Southern Street M5
Spruce Street J6
Spyglass Place K6
Stanley Park Drive H1
Station Street M5
Switchmen Street M5
Taylor Street L4
Terminal Avenue M5
The Castings J6
Thurlow Street H4
Union Street M4
Victory Square L3
Walter Hardwick Ave L5
Water Street L3
Waterfront Road East M3
Waterfront Road West L3
West 1st Avenue L6
West 2nd Avenue L6
West 3rd Avenue L6
West 4th Avenue L6
West 5th Avenue L6
West 6th Avenue L6
West 7th Avenue H6
West Cordova Street L3
West Georgia Street K4
West Hastings Street L3
West Pender Street K3
Western Street M5
Wheelhouse Square K6
Whyte Avenue G5
Willow Street K6
Wylie Street L6
Yukon Street L6

Ortsverzeichnis British Columbia

Bamberton E5
Bamfield B5
Brackendale E2
Britannia Beach E3
Brunswick E3
Butchart Gardens E5
Capilano Suspension Bridge Park B1
Caycuse C5
Chemainus D5
Clo-oose C5
Colwood E6
Coquitlam F4
Cordova Bay E5
Crofton E5
Duncan D5
East Sooke D6
Errington C4
Esquimalt E6
Garibaldi Highlands E2
Garibaldi E2
Goldstream E6
Green Cove B4
Grouse Mountain E3
Honeymoon Bay D5
Horseshoe Bay E3
Jordan River D6
Kakawis A4
Kildonan B4
Kitsilano Beach & Park B2
Ladysmith D4
Lake Cowichan D5
Langdale E3
Langley F4
Lantzville D4
Lions Bay E3
Long Beach A4
Lonsdale Quay B2
Malahat E5
Maple Ridge F4
McGuire E2
Metchosin E6
Nahmint C4
Nanaimo D4
Nanoose Bay D4
Nitinat C5
North Vancouver B1
Pacific Spirit Regional Park A2
Parksville C4
Port Alberni C4
Port Albion B5
Port Mellon E3
Port Renfrew C6
Qualicum Beach C4
Richmond B3
Sarita B5
Sidney E5
Sooke D6
Squamish E3
Stanley Park B1
Steveston B3
Surrey F4
Swartz Bay E5
Tofino A4
Tsawwassen E4
Ucluelet B5
University of British Columbia A2
Vancouver E4
Victoria E6
West Vancouver B1
Whistler F1
Youbou D5